ATLAS SUBJETIVO DE MÉXICO

SUBJECTIVE ATLAS OF MEXICO

Editado por | *Edited by*
Moniek Driesse & Annelys de Vet

LAST

ÍNDICE | TABLE OF CONTENTS

8   La subjetividad de la objetividad
    The Subjectivity of the Objectivity
    Annelys de Vet

10 Entrevista con | *Interview with*
    Moniek Driesse, Analía Solomonoff
    Sobre el **Atlas Subjetivo de México**
    *About the **Subjective Atlas of Mexico***
    Chiara Arroyo

14 En el ombligo de la luna
    In the Center of the Moon
    Fernando Martín Juez

24 Mapas de México
    Maps of Mexico

34 Cien preguntas sobre México
    One Hundred Questions About Mexico
    María Rivero

36 Cómo hacerse mexicano
    How to Become Mexican
    María Rivero

42 Aprendiendo Español-Mexicano
    Learning Mexican Spanish
    Ángel Gustavo Rivero Moreno

48 Metro correspondencias
    Subway Connections
    Nirvana Paz

50 Registros cotidianos
    Daily Records
    Alejandra Alós

56 Así me suena
    To Me It Sounds Like This
    Anaid Espinosa

58 A $10
    For $10
    Anaid Espinosa

60 Ambulantes, 1992 - 2006
    Peddlers, 1992 - 2006
    Francis Alÿs

64 Tienda "La Auténtica"
    "The Authentic" Store
    Arit Marín Tun

66 Ley contra la obesidad infantil
    Law Against Children's Obesity
    Marisol Domínguez

68 Vitamina T
    Vitamin T
    Citlali Fabián Bautista

70 Veinte caminos para llegar a la masa
    Twenty Ways to Reach the Mass
    Helena Fernández-Cavada

72 Changarros orgullosos
    Proud "Changarros"
    Marco Muñoz

76 Intimidad pública
    Public Intimacy
    José Ramón Estrada A.

80 Luz de día toda la noche
    Daylight All Night
    Helena Fernández-Cavada

86 Lindes de la Ciudad de México
    Boundaries of Mexico City
    Arturo Soto

ÍNDICE

92 Construcciones
Constructions
Alfonso Camberos

94 Daño colateral, Ciudad Juárez
Collateral Damage, Juárez City
María Luz Bravo

98 La última calle de México
The Last Street of Mexico
Alfonso Camberos

100 Notas corporales en Tlatelolco
Corporal Notes in Tlatelolco
Tania Solomonoff

104 Huellas
Traces
Silvana Agostoni

110 Casas a color
Houses by color
Andrea Cordero Rámon

112 La casa de los muertos
Housing the Death
Úrsula Espino Herrero

114 Improntas familiares
Signs of Family
Daniel Yáñez Palma

116 Cinco siglos
Five Centuries
Gilberto Hernández

118 Una odisea familiar
A Family Oddysey
Judith González Ham

120 Querida mamá
Dear Mom
Arturo Guillén

122 Vida familiar
Family Life
Diego Padilla, Karina Sada, Alejandra Muñoz

124 Viviendo...
Living...
Marco Muñoz, Arturo Guillen, Nirvana Paz, Javier Campuzano

126 A-sal-ariados
Under-sal-aried
Ruth Fuentes Sansore

128 Poligrafías
Poligraphs
Christian Cañibe

132 Aspiraciones
Ambitions
Julio Villavicencio

136 Telenovelas en un día normal
Soap Operas on a Regular Day
Citlali Fabián Bautista

138 El hombre promedio
Average Man
José Luis Cuevas

144 Nuestra casa
Our Home
Aldo Vázquez Yela

146 Aguja e hilo
Needle and Thread
Rocío Chaveste Gutiérrez

TABLE OF CONTENTS

148 Instrumentos prehispánicos
Pre-hispanic Instruments
Pedro Salvador Hernández Ramírez

150 Huehuenches
Huehuenches
Oliver Santana

158 Saludos Sonideros
"Sonideros" Salutations
Livia Radwanski

164 La otra bandera mexicana
The Other Mexican Flag
Carlo Canto Ávila

166 Banderas alternativas de México
Alternative Flags for Mexico

174 Retratos en la Ciudad de México
Portraits in Mexico City

176 Índice de participantes
Index of Contributors

187 Talleres
Workshops

191 Créditos
Credits

Annelys de Vet
Prefacio

La subjetividad de la objetividad

El título "Atlas Subjetivo" lleva implícita la existencia de "atlas objetivos". Este libro señala que esta idea es, de hecho, discutible. Cuando se traza un área geográfica o una entidad cultural, podemos discutir sobre la posibilidad, en primer lugar, de lograr una representación imparcial, apolítica y por consiguiente "objetiva" que tendrá el mismo significado en el futuro que el que tiene hoy en día. Los atlas están hechos por personas cuyas ideas se ven influidas por prácticas culturales y preferencias personales. Todas las caracterizaciones son un tipo de tergiversación que no siempre concuerda con otras caracterizaciones.

El atlas que tiene entre las manos le muestra una imagen de lo que un grupo variado de artistas, diseñadores, fotógrafos y otras almas sensibles que viven en México consideraron importante en algún momento. Han elegido objetos preciados para usarlos como punto de partida en la investigación de su identidad cultural. El libro es una selección arbitraria de visiones personales, aunque llenas de significado, de objetos que los creadores consideran que expresan "México" o lo "mexicano". Pero cuando miramos más de cerca descubrimos que estas observaciones personales son menos al azar de lo que pensamos en un principio.

Cada historia dentro de este atlas es importante en sí misma y no solamente porque los creadores la eligieron. Dejan al descubierto las consecuencias del cambio político, pero de forma discreta, implícita y no como la meta en sí. Los detalles contienen gran importancia. En la complejidad encontramos poesía. La belleza se encuentra a la par del malestar. En esta imagen doble se reflejan las reacciones humanas con una intensidad reñida.

Las conexiones poco comunes generadas entre los inventarios visuales y los mapas revelan cosas que generalmente son invisibles. En el contexto del atlas, las actividades diarias adquieren de pronto nuevos significados. El diálogo cultural que surge entre las diversas contribuciones integra la experiencia personal en un contexto más amplio. Las contribuciones individuales trascienden lo temporal y personal y el atlas abarca algo general, descubriendo los fenómenos sociales. La interacción de todas las contribuciones apunta a lo que podría llamarse "el alma de la sociedad". ¿Qué valores colectivos se comparten? ¿Qué relatos colocan los ciudadanos en un papel importante?

El *Atlas Subjetivo de México* es parte de una serie creciente de "atlas subjetivos": *Subjective Atlas of the EU, from an Estonian point of view* (2003), *Subjectieve Atlas van Nederland* (2005), *Subjective Atlas of Palestine* (2007), *Subjective Atlas of Serbia* (2009), *Subjective Atlas of Hungary* (2011). Estos libros son intentos de hacer contribuciones significativas al discurso sobre la formación de imagen cultural de una manera creativa, cautivadora, sensible, pero crítica. Los atlas sirven como respuesta humanista a la simplificación creciente del debate político y la autocomplacencia del poder. A diferencia del tenor propagandista de los medios de comunicación, los libros muestran, sobre todo, una realidad compleja que va más allá de las imágenes simplistas y cegadoras de los medios. Lo menos que se puede decir es que esperamos que sean representaciones plurales que contribuyan en un discurso público más democrático. La serie convincente de imágenes alternativas y libres de reproducción pueden servir entonces como una herramienta de inspiración disponible para que la gente pueda criticar lo aparentemente objetivo.

The Subjectivity of the Objectivity

The title "Subjective Atlas" implies that "objective atlases" also exist. This book points out that this idea is in fact very much open to question. When a geographical or cultural entity is mapped, we can argue about whether it is possible in the first place to achieve an unbiased, apolitical and hence "objective" representation that will have the same meaning tomorrow as it does today. Atlases are made by people, and cultural practices and personal preferences influence their choices. Every characterisation is also a changeable distortion, and often at odds with other characterisations.

The atlas you see before you presents a picture of what a mixed group of artists, designers, photographers and other sensitive souls living in Mexico at a certain point in time consider important. They have chosen subjects close to their hearts to use as starting points in investigating their cultural identity. The book constitutes an arbitrary selection of personal yet meaningful views of things the contributors consider to signify "Mexico" or "Mexican". When you look more closely, though, you find that these personal observations are less random than you initially might have thought.

Each individual story in this atlas is urgent in its own right, and not only because the creators would not have selected them otherwise. They lay bare the consequences of political change, but discreetly, implicitly, and not as a goal in itself. Details turn out to contain great significance. In complexity, we find poetry. Beauty sits alongside malaise. In this double image, human reactions are reflected with a conflicted intensity.

The uncommon connections made in the various visual inventories and maps reveal things that usually remain invisible. In the context of the atlas, everyday practices suddenly take on new meanings. The cultural dialogue that arises between the various contributions puts personal experience into a wider context. The individual contributions transcend the temporary and the personal. Thus, the atlas touches on the generic and is able to lay bare social phenomena. The interplay of all the contributions reaches toward what could be called "the soul of society". Which collective values are shared? Which stories do the citizens place at centre stage?

The Subjective Atlas of Mexico is part of a growing series of "subjective atlases": Subjective Atlas of the EU, from an Estonian point of view (2003), Subjectieve Atlas van Nederland (2005), Subjective Atlas of Palestine (2007), Subjective Atlas of Serbia (2009) and Subjective Atlas of Hungary (2011). These books are attempts to make meaningful contributions to the discourse around cultural image formation, in a creative, disarming and sensitive yet critical way. The atlases serve as a humanist response to the increasing simplification of the political debate and the complacency of power. In contrast to the often propagandist tenor of the mass media, the books show, above all, a complex reality that lies beyond simplistic, blinding media images. At best, I hope that these pluralistic representations can contribute to a more democratic public discourse. This potent series of alternative, copyright-free images can then serve as an inspiring, freely available tool people can use to continue to critically question the apparently objective.

Sobre el Atlas Subjetivo de México

¿Cómo y por qué surgió el proyecto en México?
Moniek Driesse: La primera vez que vine a México fue en 2005 para hacer mi práctica profesional en un despacho de diseño. Después regresé para trabajar en varios proyectos sociales. Viví muchas situaciones sorprendentes en un mundo surreal y enriquecedor para mí. Yo había participado en el *Atlas Subejtivo de Holanda* con Annelys de Vet, creadora del proyecto, y pensé que traerlo a México sería una forma interesante y nueva de descifrar este país. Quería involucrar a más gente. Busqué una editorial que me apoyara y ahí fue donde encontré a Analía Solomonoff.
Analía Solomonoff: Para mí siempre ha sido importante unir el trabajo con una cierta afectividad, los atlas subjetivos me parecieron interesantes y atractivos porque abrían la posibilidad de detonar una visión personal con la cual identificarse o encontrar respuestas. Eso fue lo que me ocurrió a mí cuando conocí a Moniek y el proyecto. El primer encuentro dio pie a una conversación inicial pues al día siguiente Moniek regresaba a Holanda. Así que aterrizamos el proyecto y me quedé organizando el primer taller en colaboración con Casa Vecina, con la que ya se había hecho un primer contacto.

¿Cuál es la dinámica para crear los atlas?
AS: Primero se organiza un taller. Por lo general, en todos los talleres se repite una dinámica: los participantes elaboran su propio mapa de México. **MD:** En ese primer ejercicio salen muchos temas que se convierten en un proyecto libre. Otro de los ejercicios es proyectar su visión en una imagen: la bandera. **AS:** En el Distrito Federal, en el taller de dos semanas en el espacio cultural Casa Vecina, integramos una nueva dinámica: invitamos a diferentes artistas a que dieran una plática y revisaran los trabajos. **MD:** El Atlas recopila las imágenes desarrolladas por los participantes del taller, y se convierte en un caleidoscopio de México, de lo que hace la gente, de cómo vive. Son visiones personales, negativas o positivas, que van desde la comida, el baile, la arquitectura, las fiestas, sus propias preocupaciones... **AS:** Eso es el libro.

¿Qué otras particularidades tiene este Atlas a diferencia del resto?
MD: México es tan grande y tiene tantas realidades, que decidimos repetir el taller en otros lugares. Aunque el libro nunca iba a ser completo, era importante acercarnos a esa diversidad. **AS:** Finalmente organizamos cuatro talleres: dos en México, uno en Oaxaca y otro en Mérida. También hubo contribuciones a distancia desde Monterrey, Juárez y Tijuana. En México el Atlas no planteó jerarquías, no tuvo centro, cada participante, cada proyecto, podía afectar o incidir a otros, para así detonar otras ideas; trabajamos bajo un modelo rizomático. Eso permitió que la relación entre los integrantes y participantes del proyecto se diera de otra manera, y creo que eso ha quedado reflejado también en el contenido. Y, por primera vez, se creó un proyecto audiovisual que se incluye en el libro.

¿Qué se han llevado los participantes?
MD: Se generó un ambiente crítico y de confrontación, y esto fue enriquecedor. Así veo yo el libro. No como algo finito sino como una invitación al diálogo, a la reflexión sobre situaciones donde el arte y el diseño pueden ayudar a generar definiciones alternativas. **AS:** Recalcaría que es un atlas visual hecho no tanto a partir de conceptos o palabras sino de percepciones.

About the Subjective Atlas of Mexico

How and why was this project brought to Mexico?
Moniek Driesse: The first time I came to Mexico was in 2005 to carry out my design practice in a design office. I came back a few more times to work in different social projects. I lived many different and surprising situations in a surreal and enriching world to me. I participated in the Subjective Atlas of the Netherlands, by Annelys de Vet, creator of this project; so I thought of bringing it to Mexico as an interesting way to decode the country. I wanted to get more people involved in the project. I searched for a publisher to support my idea, and I found Analía Solomonoff. Analía Solomonoff: I have always thought that it is important to mix the job with the emotions. I considered the subjective atlases as interesting and attractive, because they open a personal scope with which people may identify themselves or find answers. That was what happened to me when I met Moniek and the project. Our first encounter gave cause for an initial conversation, because Moniek was going back to Netherlands on the following day. So we landed the project and I began to organize the first workshop, along with Casa Vecina, with which we had already made contact.

What is the way in which you create the atlases?
AS: First, we organize a workshop. We usually repeat a dynamics in all the workshops: all the participants have to elaborate their own map of Mexico. MD: From this first exercise we get many different topics that are to be transformed into a free project. Another exercise is to show their scope in one image: the flag. AS: In Mexico City, on the two-week workshop at Casa Vecina, we integrated a new dynamics: we invited different artists to give speeches and revise the works.

MD: The atlas integrates the images developed by the participants, and is converted into a kaleidoscope of Mexico, of the things people do and how they live. It consists of personal scopes, positive or negative, of food, dance, architecture, parties, and personal concerns. AS: Basically this is what the book is about.

What other peculiarities does this Atlas have in relation to others?
MD: Mexico is so big and has so many different realities, that we decided to carry out the same workshop in different places. It was important to get closer to the diversity, even if the book was never to be as detailed. AS: In the end, we organized four workshops: two in Mexico City, one in Oaxaca, and another one in Merida. There were also contributions from a distance which came from Monterrey, Juarez, and Tijuana. In Mexico the atlas did not set rankings, it did not have a center. Each participant, each project could affect others in order to detonate different ideas. We worked under a rhizom model. This allowed us to develop the relationship among the integrants and participants of the project in a different way, and I think that this is shown in the content. For the first time we created an audiovisual project to be included in the book.

What did the participants get from this experience?
MD: A critical and confronting environment was created, this was enriching. This is also the way I see the book. It's not something finite, but an invitation to a dialogue, a thought on situations where art and design can help people to generate alternative meanings to things. AS: I would stress that this is a visual atlas created with a focuss on perceptions, rather than on words or concepts. There were very concrete topics to discuss, but in the end,

Había puntos muy concretos de discusión, pero al final como el trabajo era visual, emocional y creativo, permitió que se aceptaran todas las perspectivas. El contexto subjetivo a partir del que se trabajó permitía esa apertura, el compartir, aceptar y conciliar.

¿El ejercicio de revisión de identidad nacional que plantea el proyecto es una necesidad latente en México?
MD: El concepto de identidad está siempre en evolución, no es estático. A partir de la vida cotidiana la gente crea su cultura, su identidad. México está entre Estados Unidos y Latinoamérica, entre dos fuerzas que tienen una gran influencia en la vida cotidiana y en la construcción de su realidad. Al inicio del proyecto percibí que había una búsqueda por no perder la "cultura mexicana", esto se confirmó escuchando las historias de los participantes. **AS:** Nos enfrentamos al México prehispánico, a la colonización, al México moderno, a la lucha de clases, a la frontera, la política, los medios masivos de comunicación, todos temas latentes. El libro permite transgredir una visión general, un denominador común. Es tan plural la lectura que al final México estalla. Es decir, que la visión de México como un país delimitado por su frontera norte, sur y latitudes, se diluye. Puedes encontrar un México y puedes encontrar todos los Méxicos. Y es México reflejado en el mundo y el mundo que se refleja en México. Somos todos y al mismo tiempo somos yo, tú, él…

as the work was visual, emotional, and creative; it allowed all scopes to prevail. The subjective context on which we worked allowed this kind of openness to share, accept, and reconcile.

Is the exercise of national identity revision stated in this project a latent necessity to Mexico?

MD: The concept of identity is always evolving, it is not static. People create their culture and identity based on their day to day life. Mexico is located between the United States and Latin America. Two different forces that influence tremendously the day to day activities and the construction of its reality. At the beginning of the project I felt that there was a search for not loosing the "Mexican culture". This idea was confirmed when I listened to the stories of the participants.

AS: We faced the prehispanic Mexico, the colonization, the modern Mexico, the class struggle, the borders, politics, the media, and other latent topics. This book allows to transgress a general scope, a common factor. Its reading is so plural that in the end Mexico explodes. i.e. that the scope of Mexico as a country limited by its Northern and Southern borders, and its latitudes vanishes. We can find one Mexico, and all Mexicos. This Mexico is the one reflected into the world, and the world reflected into it. We are everybody, and at the same time, we are me, you, he...

En el ombligo de la luna

Para que pueda ser, he de ser otro,
Salir de mí, buscarme entre los otros,
Los otros, que no son si yo no existo,
Los otros, que me dan plena existencia.

Octavio Paz

Para muchos lingüistas, México significa, en lengua nativa, al centro —o en el ombligo— de la luna. Los mexicanos somos "los que habitamos en el ombligo de la luna". Muchos aprendemos, desde pequeños, a reconocer entre las formas oscuras de la superficie lunar la silueta de un conejo. Otras culturas ven rostros, objetos y animales míticos diferentes; se identifican por lo que deciden ver y comparten como una creencia. Para algunos de nosotros mirar un conejo en la luna es una creencia: creíble y querida.

Nos apropiamos de símbolos e ideas, de objetos que los representan y rituales que los celebran. No seríamos humanos sin ellos. Lo objetivo, según lo mira lo subjetivo, es interpretado desde el imaginario de cada uno y a través de los paradigmas de las comunidades a las que pertenecemos: aquellas comunidades con las que me identifico, con las que comparto una identidad. Las identidades diversas son porciones de un atlas de subjetividades, de un territorio de símbolos, creencias y patrimonios que a veces circunscriben (y muchas veces rebasan) las fronteras virtuales de lo que llamamos *un país*, y de lo que nombramos —"objetivamente"— *la realidad*. Las identidades de cada quien —porque tenemos muchas—, los patrimonios de cada uno, son aquellas querencias y aquellas creencias que nos hacen similares a quienes habitan el mismo territorio simbólico y la misma realidad.

Muchas son nuestras identidades. Las visitamos cada día; a veces, en cuestión de minutos, cambiamos de una a la otra, y en cada una, incluso, llegamos a opinar sobre el mismo tema de maneras diferentes. Aprendemos a decir y callar lo que en un grupo es aceptado o reprobable. Eso nos da reconocimiento y afectos; nos hace distintos y especiales; nos permite alcanzar nuestros propósitos; nos proporciona ciertos dolores y esperanzas singulares... nos permite sobrevivir. Así se fortifican cada una de las muchas morales, de los modos de morar, de las adaptaciones que escogimos —o nos escogieron— para habitar los diferentes lugares del mapa de lo cotidiano.

En estos personajes, en estas variadas máscaras que somos cada uno, alternan nuestras contradicciones y nuestras confirmaciones. Somos parte, por ejemplo, de un grupo que participa de una creencia religiosa o mágica, y al día siguiente somos miembros de un conjunto de académicos

In the Center of the Moon

In order to be, I must be another,
Leave myself, search for myself in the others,
The others that don't exist if I don't exist,
The others that give me total existence.

Octavio Paz

For many linguists, Mexico means, in native language, at the center of the moon. We mexican people are the ones that "live at the center of the moon". Lots of us learn, since we are kids, to see on the dark shapes of the surface of the moon the shape of a rabbit. Other cultures see faces, objects and different mythical animals. They are identified by what they decide to see and what they share as a belief. For some of us to see a rabbit on the moon is a belief: Credible and beloved.

We take over symbols and ideas, of objects that represent them and rituals that celebrate them. We would not be human without them. The objective, as seen by the subjective, is interpreted from the imagination of each and every one through the paradigms of the communities that we belong in: the communities with which I feel identified, with which I share my identity. The varied identities are parts of an atlas of subjectivities, of a territory made by symbols, beliefs and cultural heritage that sometimes are limited to (and most of the times exceed) the virtual borders of what we call a country, and of what we —"objectively"— call reality. The identity of every individual, as well as his heritage, are the attachments and beliefs that make us similar to those that inhabit the same symbolic territory and the same reality.

Many are our identities. We visit them every day, sometimes, we change them with the blink of an eye, and we even express different opinions on the same matter. We learn to speak and keep quiet the ideas that are accepted or rejected by a group of people. This ability awards us recognition and affection. It makes us different and special. It allows us to achieve our goals. It provides us with peculiar pain and hope... It allows us to survive. So the morals, the ways of dwelling, the adaptations we chose —or have chosen us— are strengthen, to inhabit the different places of the everyday map.

Within these characters, within these varied masks that we all are, our contradictions and confirmations alter. We are part, for instance, of a group that shares a magical or religious belief, and the next day we are members of a group of specialists that interpret and build the world with one of the fashionable scientific or philosophical paradigms or some reputation... Then, a few hours later, we can participate in a gathering with some friends and express the opposite to the ideas that we defended at noon or that we supported yesterday at the university or the temple.

que interpretan y construyen el mundo con alguno de los paradigmas científicos o filosóficos de moda o con cierta reputación... Luego, unas horas más tarde, podemos participar en una reunión de amigos con quienes sostenemos lo contrario de lo que al mediodía o ayer afirmábamos en el templo o en la universidad.

Pertenecemos a grupos con los que compartimos algún deporte, alguna vecindad, una región geográfica, una militancia, una fe, alguna forma trabajo u ocio; y en cada uno somos cómplices o practicamos distintos proyectos de vida. Para cada grupo utilizamos lenguajes diferentes; en cada identidad hacemos maleables los iconos, acomodamos inconsistencias entre unas y otras, e intentamos ser temporalmente coherentes; aunque también a veces, por descuido o necedad, hacemos o decimos algo inapropiado para ese grupo, y entonces nos regañan... o para sorpresa nuestra, nos celebran por creativos y desviatorios.

Compartimos un imaginario —un poco esquizofrénico, sin duda— que articula nuestras experiencias y prácticas al servicio de ciertos propósitos, algunos de ellos —es innegable— incongruentes y perversos: doy caridad al marginado una mañana, y admiro por las noches al opresor; imparto cátedra disidente, y actúo como conservador; celebro los símbolos patrios, y niego otros nacionalismos; me cobijo en los iconos de lo local, pero consumo con fruición, como un adicto, los signos de lo global; utilizo ciertos códigos y señales para distinguirme cuando soy parte de actos masivos, y me escondo durante la jornada en lo común y lo corriente para no ser notado; pregono lo que debería ser y hacerse, pero poco o nada hago por ello... En fin: "candil en la calle, oscuridad en la casa".

Vivir las contradicciones, asumiendo los rasgos de cada identidad, nos permite vivir sin culpas (culpando a otros), justificar el amor o el odio (sin compasión por el otro), enarbolar ciertas creencias (sin comprensión de las otras). Así es nuestra vida; y aunque en apariencia contradictoria, es más bien complementaria.

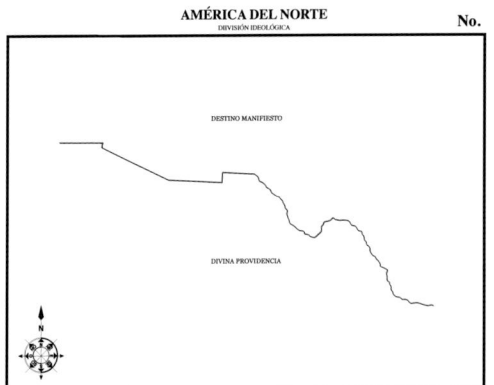

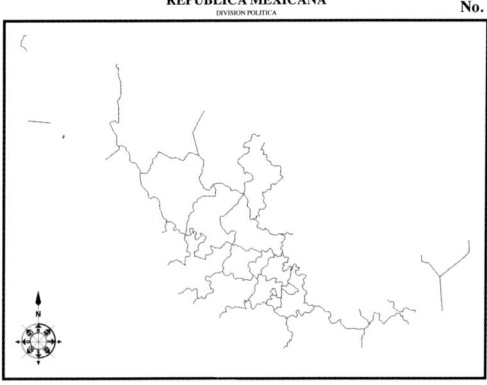

We belong to groups of people with which we share the likes for some sports, neighborhood, geographical area, political affiliation, faith, work or leisure; And in all of these we become accomplices or practice different life projects. We use different languages for each group. For each identity we manipulate the icons, adapt our weakness, and attempt to be temporarily coherent. We, as well, out of neglect or foolishness, do or say something completely inappropriate for the group we are at the moment, so we are scold... or to our amazement, are celebrated for being creative and diverted.

We share imagination —a kind of a schizophrenic one, no doubt— that coordinates our experiences and practices for some purposes, some of which are —undeniably— unconnected and evil. One morning I help the beggar, and at night admire the oppressor. I teach dissident ideas, and act as a conservative. I celebrate the country's symbols and deny other kinds of nationalism. I take shelter under the local icons, but eat with great relish, as an addict would do, the signs of globalization. I use some codes and signs to stand out, but I am part of massive acts, and hide during the day among the ordinary not to be noticed. I preach on what should be done and how people should be like, but I do little or nothing for that to happen...Well: "Darkness reigns at the foot of the lighthouse."

To live our own contradictions, by assuming the traits of each identity, allows us to live without blaming ourselves (or others), justifying love or hate (feeling no pity for the others), to foster certain beliefs (without understanding others). This is the way our lives are, though seemingly contradictory, it is mostly complementary.

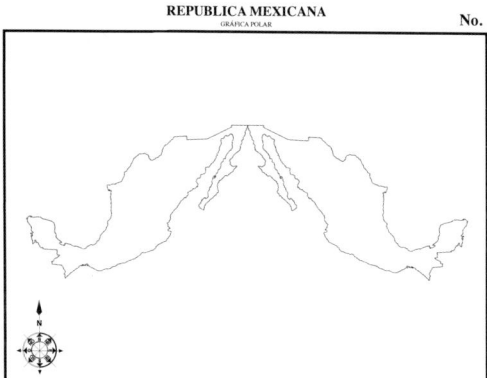
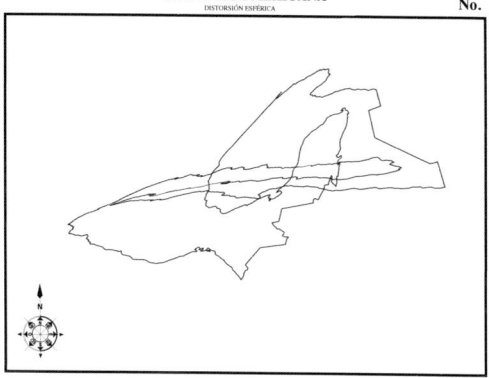

La diversidad es nuestra mayor esperanza y riqueza. Si fuésemos todos idénticos, si creyéramos todos de exacta igual manera, dejaríamos de ser humanos. Desde hace tiempo, sin embargo, algunos se proponen convertirnos a cada uno de nosotros, con nuestra polívoca diversidad, en seres predecibles y nichos de mercado previsibles: en una masa ordenada y unívoca. Celebran nuestra diversidad mientras sea un buen negocio y contraponen nuestros iconos (banderas, señales, insignias, emblemas...). Quisieran incorporarnos en una sola identidad, a una forma unívoca de ver el mundo: sin desvaríos ni desviaciones que pongan en entredicho el proyecto de homologarnos, de hacernos sumisos a un modelo de normalidad, miedos compartidos, desmemorias y silencios. Las corporaciones, los políticos y publicistas que las obedecen quisieran que todos fuéramos un conjunto inventariado de idénticas necesidades y deseos; una sola moral de consumo e individualismo celebrando las mismas creencias y obedeciendo inconcientemente las mismas normas.

Nuestro consuelo es que tal proyecto, además de sumamente aburrido, es imposible. Prueba de ello es este libro.

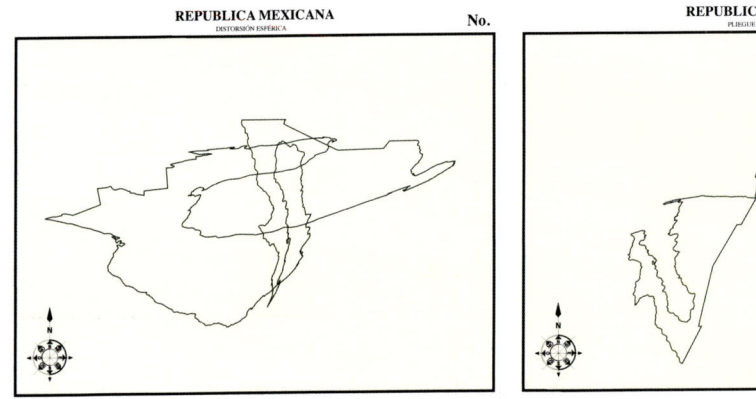

¿Cómo podría ser un atlas subjetivo de México? Pues casi como lo es este libro: una muestra de algunas de nuestras querencias y creencias, las comunes y las más entrañables. Un catálogo (siempre inconcluso) de nuestras diversidades y semejanzas como mexicanos. Un pequeño inventario de bellezas y compromisos en lo que creemos ser y queremos que el mundo vea. Un mapa al fin, entre muchos, que ayude a entendernos a quienes viven fronteras más allá de nosotros. Un capítulo del atlas donde, pareciendo ser otros, somos uno más entre todos los que somos nosotros: *la humanidad.*

Este libro da cuenta, con sensibilidad y alegría, autocrítica y dolor, de una parte de nuestros patrimonios e imaginarios. Se trata de ejercicios de reflexión y emociones en torno de lo que para nosotros es "lo objetivo" y es "la realidad"; de aquello que nos encanta recordar con el rostro de nuestra memoria colectiva y orgullos compartidos; de lo que con dignidad queremos ser para los otros.

Diversity is our greatest hope and richness. If we were all identical. If we all believed in the same things, we would stop being human. For some time now, some intend to transform each of us, with our variety, in predictable beings and foreseeable market niches: In an homonymic mass. They celebrate our variety, while it is a good business, and they oppose our icons (flags, signs, emblems, etc.) They would love to include us into one and only identity, into one homonymic way to see the world: Without ravings or deviations endangering the project of standardizing us and subjugate us to a model of normality, shared fears, absent-mindedness, and silence. The corporations, politicians and publicists obeying those rules would like all of us to be a registered and recorded group with identical needs and desires, one consumption moral and individualism celebrating the same beliefs and obeying unconsciously the same rules.

We take comfort in the thought of that project being, besides extremely boring, impossible. This book is an evidence of such an idea.

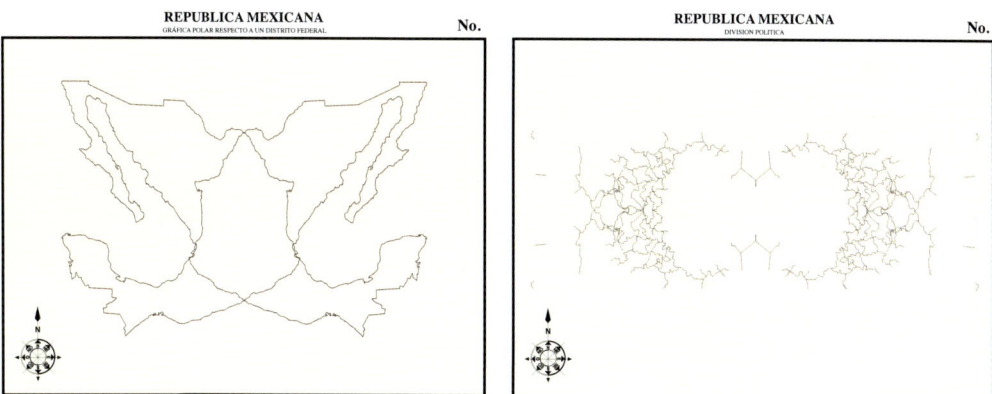

How could a subjective atlas map of Mexico be? Well, almost as this book: a sample of some of our attachments and beliefs, the common ones and the most intimate. A catalogue (always unfinished) of our variety and similarity as Mexicans. A short inventory of beauties and commitments of what we believe we are and we want the world to see. A map, among others, that will help the people living abroad understand us. A chapter of the atlas where, seeming like if we were others, we are one more among all of us: Humanity.

This book accounts for, with sensitivity and joy, self-criticism and pain, a part of our heritage and imagination. It is about reflexive and emotional exercises about what to us is "the objective" and "the reality", of all what we love to remember with our collective memory and shared pride, all of what we want to be for the others.

Este libro es también un proyecto de *patria*, de *nación*, de lo que queremos considerar *nuestra tierra*. Una fantasía que avecina lo que deseamos. Aunque solamente sea un fragmento de nuestra voluntad, un boceto del México añorado sumado al México por amanecer: un atisbo del mañana.

Los que estamos aquí, por necesidad o por voluntad, hacemos México día a día.

En México subsisten etnias distintas; se conservan usos y costumbres antiguas y muy diversas. Por ser muchas nuestras raíces, bastantes son nuestros frutos. Somos indios, criollos o mestizos; resultado de éxodos y peregrinaciones, sincretismo y adaptaciones, sustituciones y mezclas tan variadas como pueden producir miles de años de encuentros y desencuentros entre los más antiguos pobladores y las más recientes conquistas y migraciones.

Somos hospitalarios, nos gusta recibir y compartir las pasiones de otros. La compasión, cuando la ejercemos, nos hace iguales a los demás, aunque reconozcamos las diferencias. Nos gusta conocer las diferencias, pues ellas traen historias nuevas, otros cuentos que contarnos por las noches, otras formas —aunque quizá contrarias a las nuestras— de ver y actuar en el mundo. La comprensión, cuando la ejercemos, nos permite completarnos. Nos gusta entender lo que siendo diferente nos complementa.

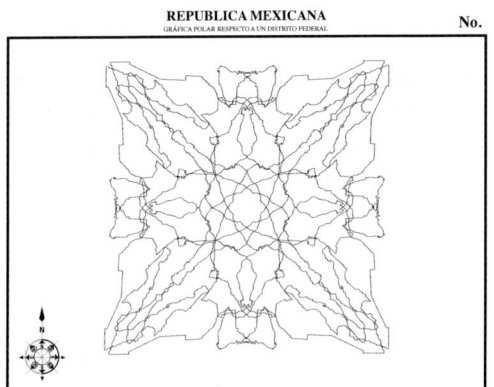

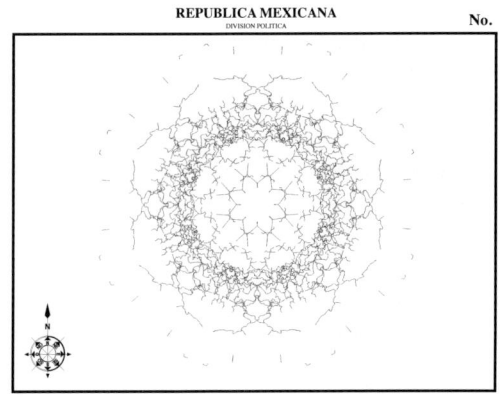

México es, como todos los países, un territorio inventado a fuerza de reunir regiones ganadas y perdidas en malas negociaciones y guerras de expansión. Somos una geografía repleta de asombros: tenemos un norte y un sur; selvas, costas, montañas y penínsulas, que hacen comparsa para reunirnos en un territorio de enorme diversidad en especies, climas, ecosistemas, riquezas y marginaciones. También tenemos un centro que globaliza toda la periferia: una ciudad capital que absorbe la mayor riqueza, y es el destino imaginario para muchos que ven en ella la esperanza.

México es un país de emigrantes, de tránsfugas y refugiados. Unos llegan y otros se van; unos encuentran la libertad, otros la buscan más al norte de sus fronteras. Somos una nación, que con sutileza y dolor, recibe y envía a los mejores hombres y mujeres.

Y somos también contención y coraza. Una envoltura llamada México, difícil de entender puesto que no expresa, por su fortaleza, todo lo que le duele y quisiera; ni tampoco deja entrar, por su fragilidad, aquello que le vulnera.

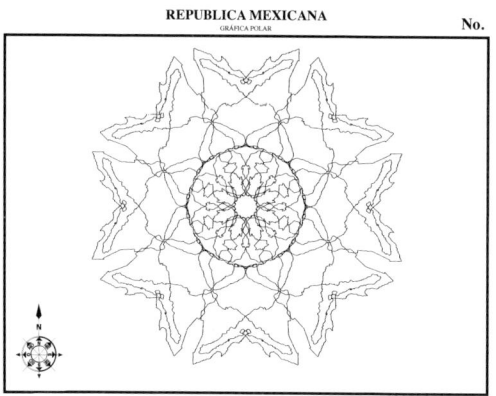
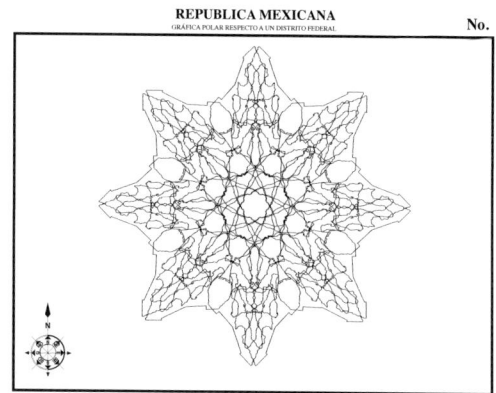

This book is also a project of the nation, and we want to consider it as our land. A fantasy that foresees what we wish for. Though it is only an extract of our will, an outline of the Mexico that we long for added to the Mexico to arise. A peep of tomorrow.

All of us that live here, out of need or for will, build Mexico every day.

In Mexico there are different ethnic groups that preserve their antique and diverse customs. Due to the fact that our roots are varied, our fruits are many. We are Indians, Creoles or of mixed race. We are the result of exodus and pilgrimages, syncretism and adaptations, substitutions and mixtures as different as thousands of years of encounters and mix-ups among the most antique settlers and the most recent conquers and migrations could produce.

We are hospitable people, we like to receive others and share their passions. Pity, when we practice it, makes us equal to the others, though we recognize the differences. We like to learn the differences, for they bring new stories, other tales to tell at night, other ways —though maybe contrary to ours— to see and to behave around the world. Comprehension, when we practice it, allows us to complete each other. We like to understand all the things that complement us by making us different.

Mexico is, as every country, a territory created by the gathering of regions won and lost through bad negotiations and expansion wars. We are a geographical area covered by amazement: We have a North and a South, we have jungles, beaches, mountains and peninsulas that gather together to wrap us into a territory with a great diversity of species, climates, ecosystems, richness and exclusion. We also have a center globalizing the hole periphery: A capital city absorbing most of the richness, and the imaginary destiny for a great number of people seeing hope in it.

Mexico is a country made by emigrants, turncoats and refugees. Some of them come, others go. Some find freedom, others look for it up to the North of the border. We are a nation that, subtlety and painfully, receives and sends its best men and women.

We are also control and shield. A wrap called Mexico, difficult to understand, for it does not express, due to its strength, all the pain, nor it lets in, due to its fragility, all that hurts it.

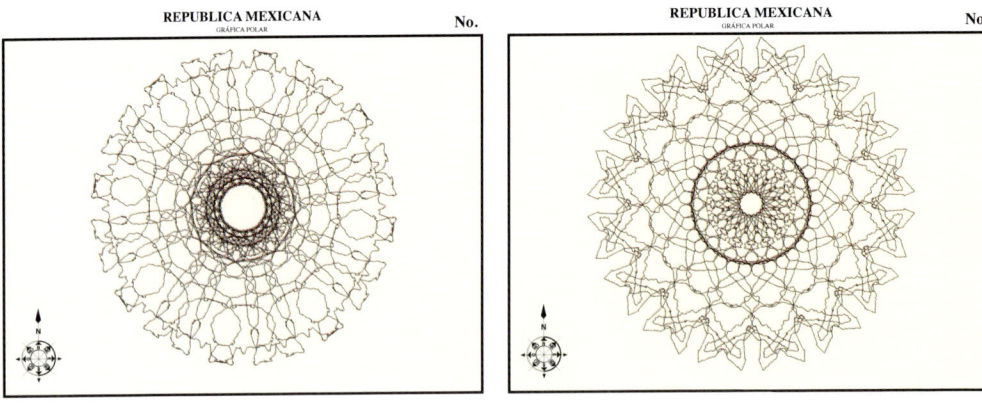

Monografías
Rafael Gamboa

"En el ombligo de la luna". Cuando la luz del sol toca las cosas, pinta en ellas claroscuros increíbles. Esa luz solar de México labra volúmenes y texturas extraordinarias; colibríes y flores, bosques y parcelas, el mar y las montañas, los cielos y los crepúsculos, el perfil de las edificaciones y los rostros de la gente devienen esculturas efímeras y entrañables. Cuando salimos de nuestras tierras, la luz y el color son nuestra mayor nostalgia (más que los charros o las chinampas, las piñatas o las pirámides, el picante o los chiles en nogada... La luz de México es —o al menos nos parece— única, irrepetible).

Somos la celebración singular de rituales, de mitos asombrados ante lo indecible y el misterio de la vida, que se visten de fiesta para compartir dudas y certezas. Estamos hechos de todos los colores del maíz; de refranes, canciones y comidas exquisitas; de poemas, voces y gestos de metáforas singulares; de imágenes de Guadalupanas y luchadores; de rituales mágicos y sincretismos religiosos; de creencias en deidades, plantas y animales sagrados e ídolos televisivos... elementos todos que conforman algunos de nuestros rostros y alimentan nuestro imaginario.

Somos un atlas de símbolos que mueven voluntades; de caminos contrapuestos, resignación y afortunados encuentros. Iconos, figuritas, disfraces, emblemas, banderas, escudos: representaciones de una nación de naciones y personajes llenos de utopías y sueños.

Somos muchos nacimientos, fechas e imágenes que conmemoran esperanzas y compromisos a través de los calendarios civiles de la patria, con sus independencias, revoluciones y una larga lista de héroes y batallas; o a través de los calendarios mágicos de la fe, con sus festividades incomprensibles e inevitables, su larga lista de vírgenes y santos, tamales, tortillas y mole, máscaras para el carnaval, duelos de semana santa, campanas, cohetes y celebraciones para cada barrio, patrón y cosecha, bautizos y bodas... fiestas de muertos con calaveras de amaranto, azúcar y chocolate, endulzando la certeza de que un día ya no habremos de estar para gozar de nosotros.

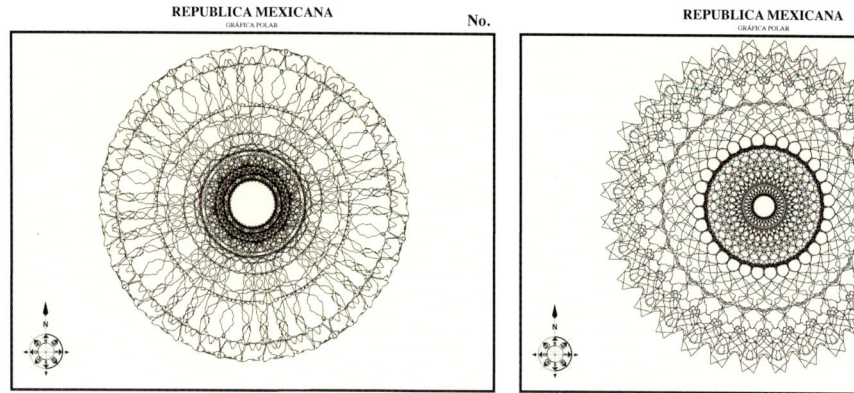

Monografías
Rafael Gamboa

"In the Center of the Moon". When the sunlight touches the things, it paints on them amazing chiaroscuro. That sunlight in Mexico craves extraordinary volumes and textures, hummingbirds and flowers, woods and plots, sea and mountains, sky and twilights, the profile of the buildings and the faces of the people become ephemeral and intimate sculptures. When we leave our lands, the light and color are our greatest reason for homesickness (even more than charros or chinampas, piñatas or pyramids, chili or chiles en nogada... the Ligth from Mexico is, or at least seems to be, one and only.)

We are the peculiar celebration of rituals, myths astonished before the indescribable and the mystery of life, that are dressed up to share doubts and certainty. We are made out of all the colors of corn, sayings, songs, and exquisite dishes; of poetry, voices and expressions of peculiar metaphors; of images of Guadalupanas and wrestlers, of magical rituals and religious syncretism; of beliefs in deities, sacred animals and plants, and TV idols... All of these elements that build our faces and feed our imagination.

We are an atlas of symbols moving wills, opposite ways, resignation and fortunate encounters. Icons, figures, customes, emblems, flags, badges: representing a nation out of others and characters full of utopias and dreams.

We are many births, dates and images remembering hopes and commitment through the civil calendars of our nation, with the independence, revolution and a long list of heroes and battles, or through the magical calendars of faith, with the incomprehensible and unavoidable parties, its long list of virgins and saints, tamales, tortillas and mole, masks for the carnival, grief in Holy Week, bells, fireworks, and celebrations for each neighborhood, patron saints and harvest, baptizes and weddings... Parties of the dead with skulls made with amaranth, sugar and chocolate, sweetening the certainty that one day we won't be here anymore to enjoy ourselves.

MAPAS DE MÉXICO

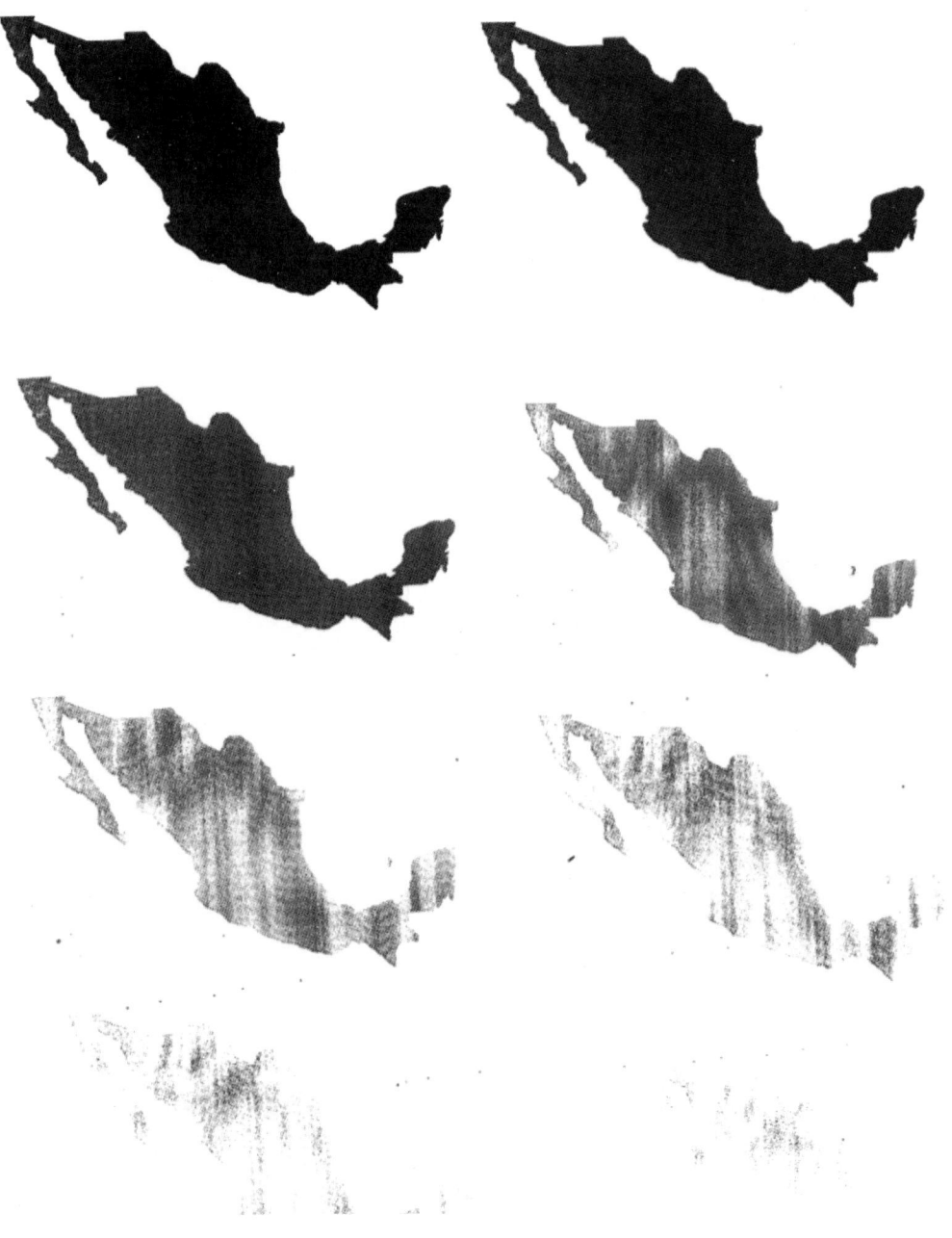

Pasos para la desintegración de un cliché | *Steps to split a cliché*
María José Alós Esperón

MAPS OF MEXICO

25

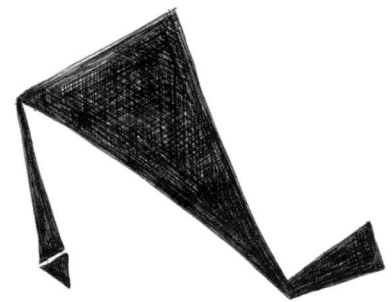

Anónimo

Pararrayos | *Lightning rod*
Christian Cañibe

Rayado | *Scratched*
Juan Pedro López

La fractura comienza aquí | *The fault starts here*
Anaid Espinosa

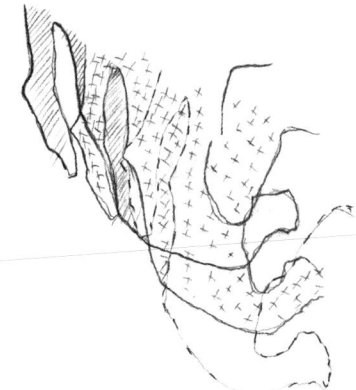

Desfase | *Gap*
Amauta García Vázquez

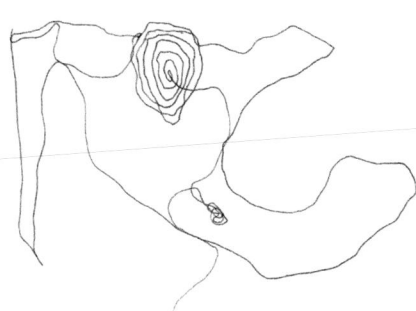

Miroslava Basaldúa Flores

MAPAS DE MÉXICO

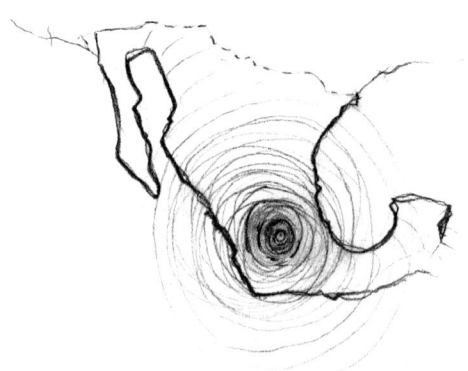

Anónimo

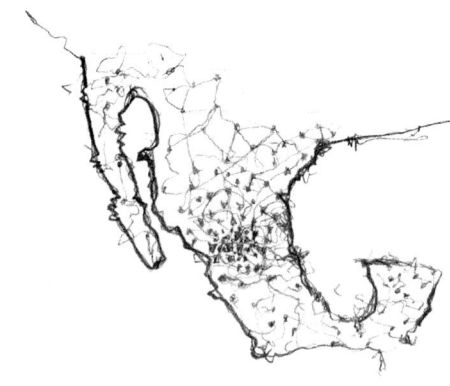

Anónimo

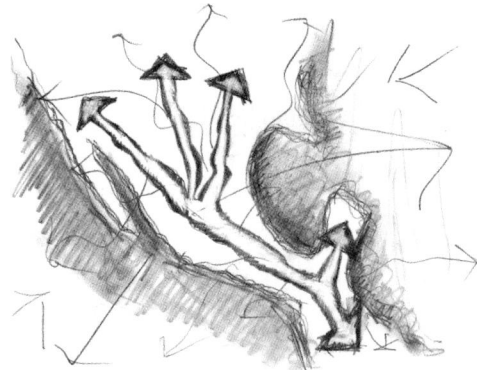

Enrique López Navarrete

¿Hacia dónde? | *Where to?*
Orianna Calderón

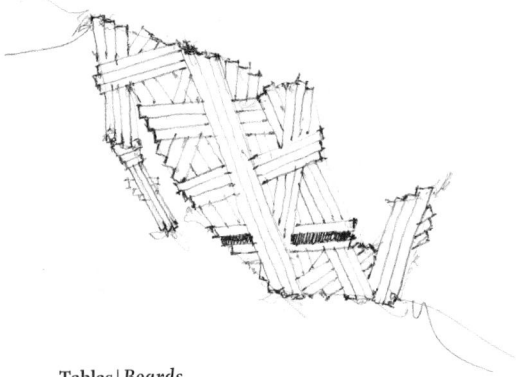

Tablas | *Boards*
Griel Pina Valdéz

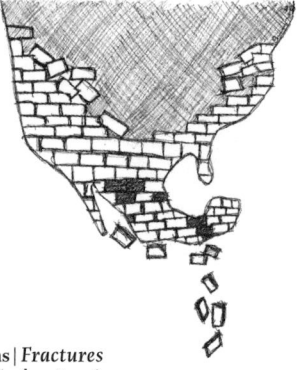

Fracturas | *Fractures*
Andrea Cordero Ramón

MAPS OF MEXICO

Diversidad y fauna | *Verity and fauna*
Wilma Anahí Monforte Chan

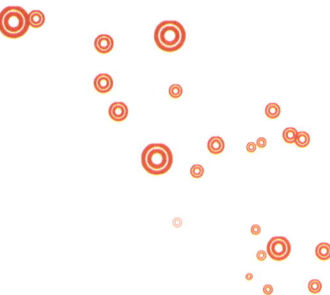

Peligro en la ciudad | *Danger in the city*
Citlali Fabián Bautista

Marco Muñoz

Cambio | *Change*
Amauta García Vázquez

México enmascarado | *Masked Mexico*
Salvador Lemis

Paredes de México | *Walls of Mexico*
Adriana Martínez de la Rosa

MAPAS DE MÉXICO

28

¿Qué es México? | *What is Mexico?*
Miroslava Basaldúa Flores

Alejandra Barragán

MAPS OF MEXICO

Incendio | *Fire*
Alfonso Camberos

MAPAS DE MÉXICO

Ruth Fuentes Sansores

¿Qué es México? | *What is Mexico?*
Miroslava Basaldúa Flores

MAPS OF MEXICO

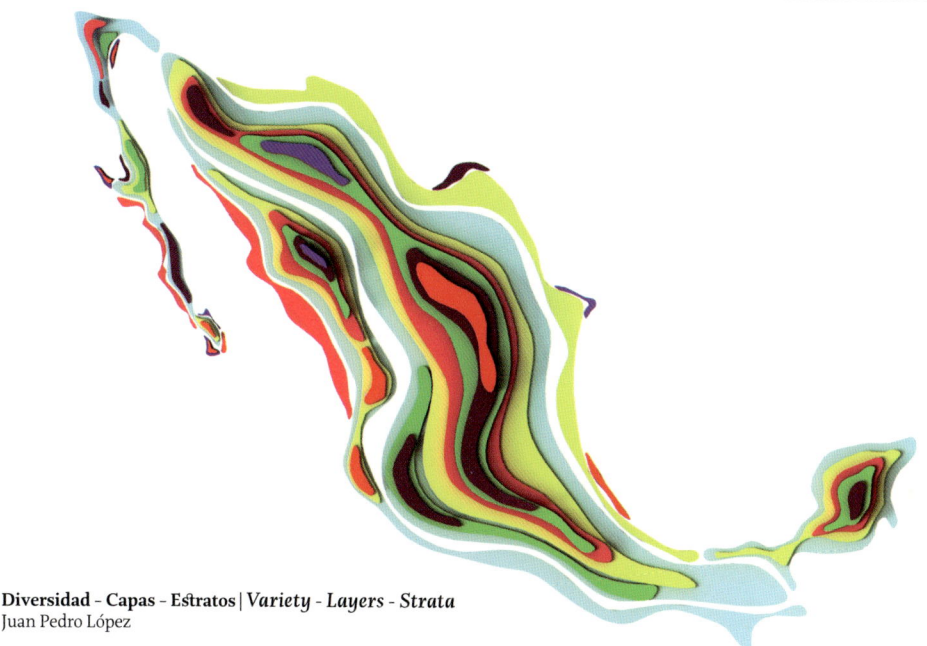

Diversidad - Capas - Estratos | *Variety - Layers - Strata*
Juan Pedro López

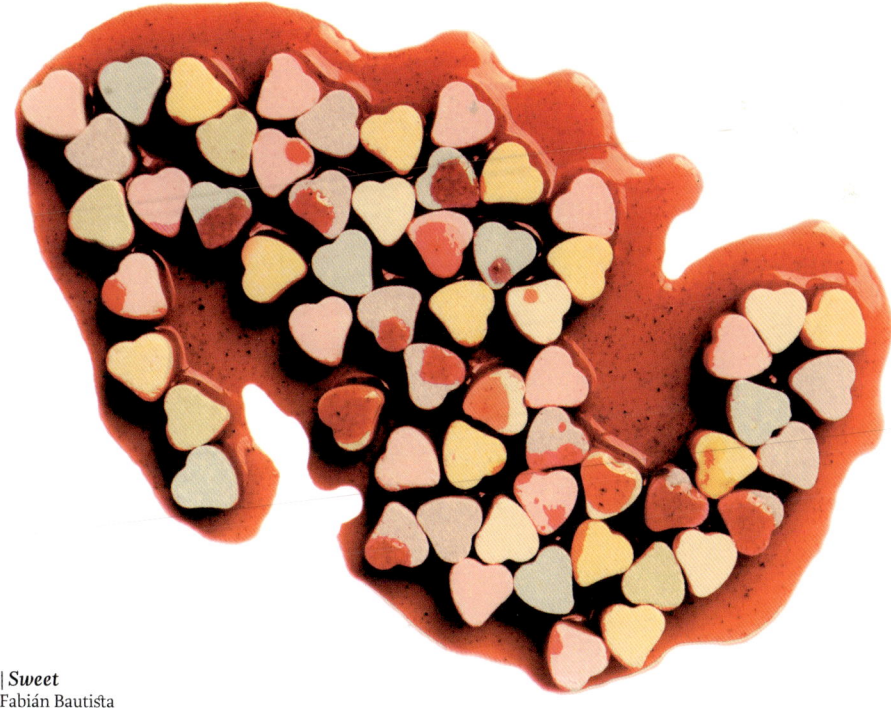

Dulce | *Sweet*
Citlali Fabián Bautista

MAPAS DE MÉXICO

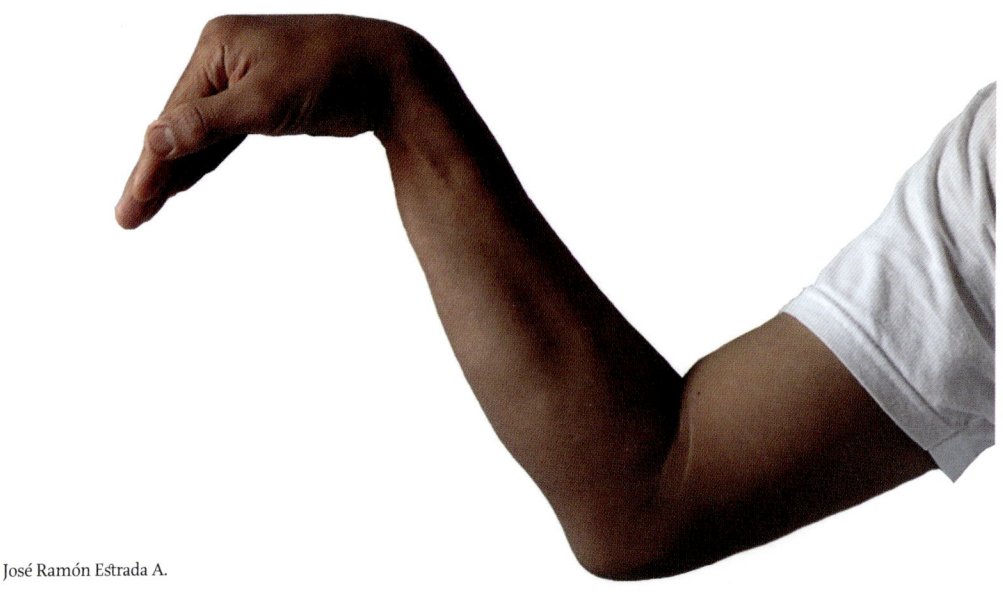

José Ramón Estrada A.

Rebozo de mi abuela | *My grandma's shawl*
Pilar Cámara

MAPS OF MEXICO

33

Seis moles | *Six "moles" (chili sauces)*
Amauta García Vázquez

María Rivero
CIEN PREGUNTAS SOBRE MÉXICO *

ONE HUNDRED QUESTIONS ABOUT MEXICO *

*Estas cien preguntas de historia y cultura forman parte del examen para obtener la nacionalidad mexicana.
*These hundred questions about history and culture are part of the test to acquire the Mexican citizenship.

María Rivero
COMO HACERSE MEXICANO

36

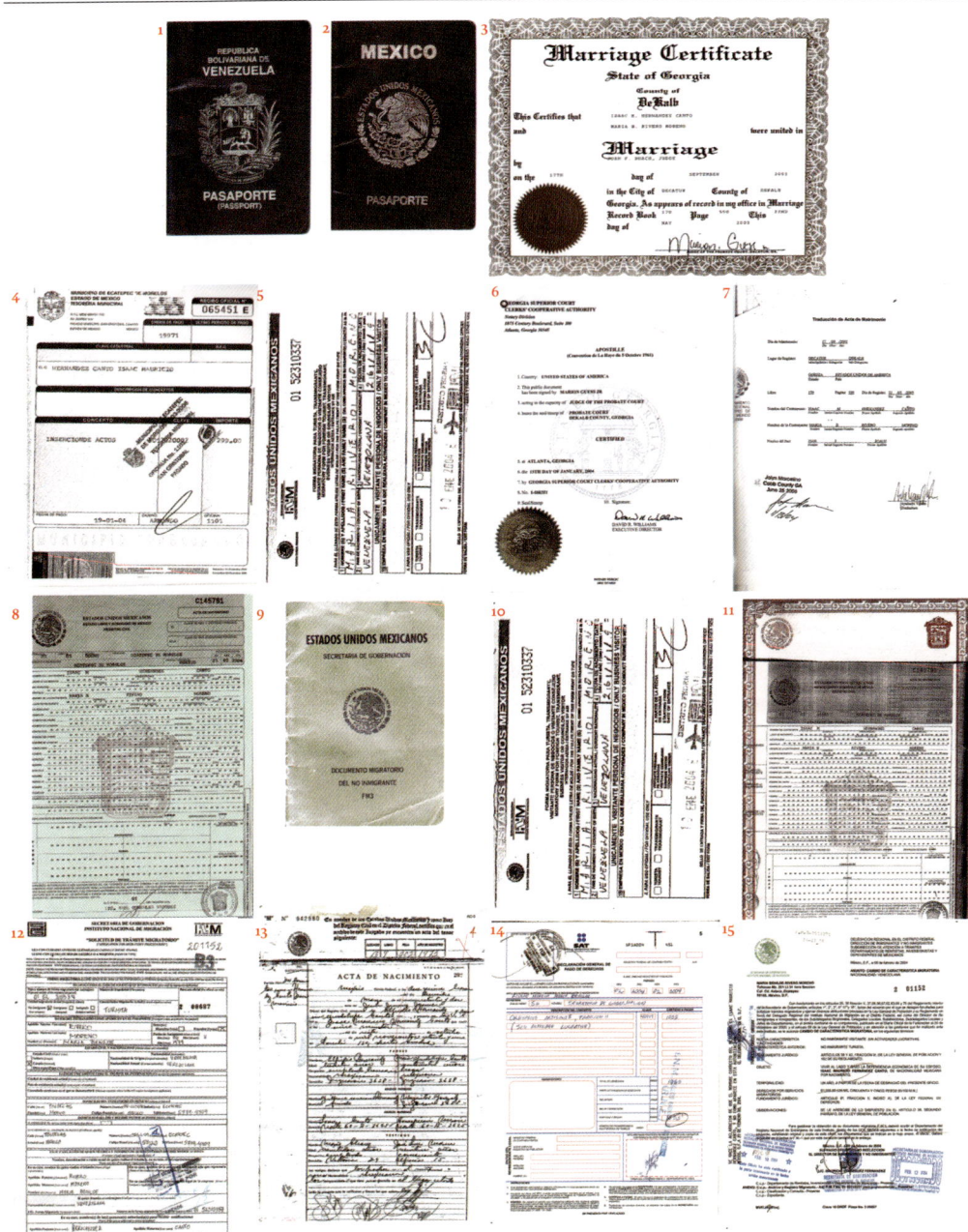

1 Pasaporte María (Venezuela) | *Passport María (Venezuela)* 2 Pasaporte esposo mexicano | *mexican husband Passport* 3 Acta de matrimonio | *Marriage certificate* 4 Comprobante de pago | *Receipt* 5 Forma migratoria | *Migration form* 6 Apostille acta de matrimonio | *Marriage certificate apostille* 7 Traducción acta de matrimonio | *Marriage certificate translation* 8 Registro civil acta de matrimonio | *Civil registry marriage certificate* 9 Documento migratorio del no inmigrante (FM3) | *Migration papers of the non-inmigrant (FM3)* 10 Forma migratoria | *Migration form* 11 Registro civil acta de matrimonio | *Civil registry marriage certificate* 12 Solicitud de trámite migratorio | *Migration process request* 13 Acta de nacimiento | *Birth certificate* 14 Declaración general de pago de derechos | *Statement of payment of fees* 15 Carta: cambio característica migratoria | *Letter: Change immigration status*

HOW TO BECOME MEXICAN

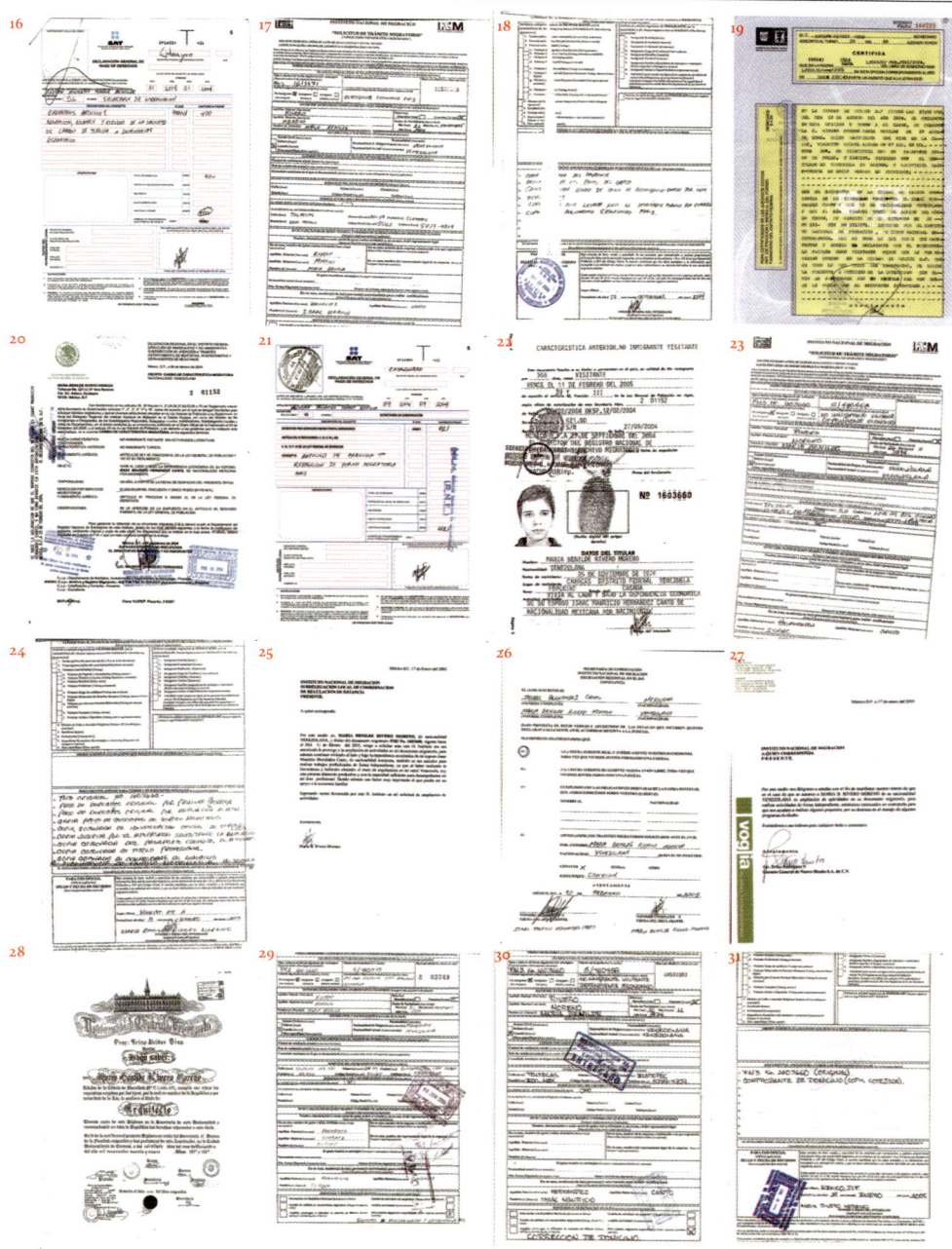

16 Declaración general de pago de derechos | *Satement of payment of fees* **17-18** Solicitud de trámite migratorio | *Migration process request* **19** Certificado de juzgado cívico | *Certificate of civil court* **20** Carta: cambio característica migratoria | *Letter: Change of migration status* **21** Declaración general de pago de derechos | *Statement of payment of fees* **22** Copia característica migratoria | *Migration status copy* **23-24** Solicitud de trámite migratorio | *Migration process request* **25** Carta: solicitud permiso de trabajo | *Letter: Working permits request* **26** Constancia | *Certificate* **27** Carta: solicitud permiso de trabajo de parte del empleador | *Letter: Working permit request by the employer* **28** Título | *Degree* **29** Solicitud de trámite migratorio | *Migration process request* **30-31** Solicitud de trámite migratorio | *Migration process request*

María Rivero
COMO HACERSE MEXICANO

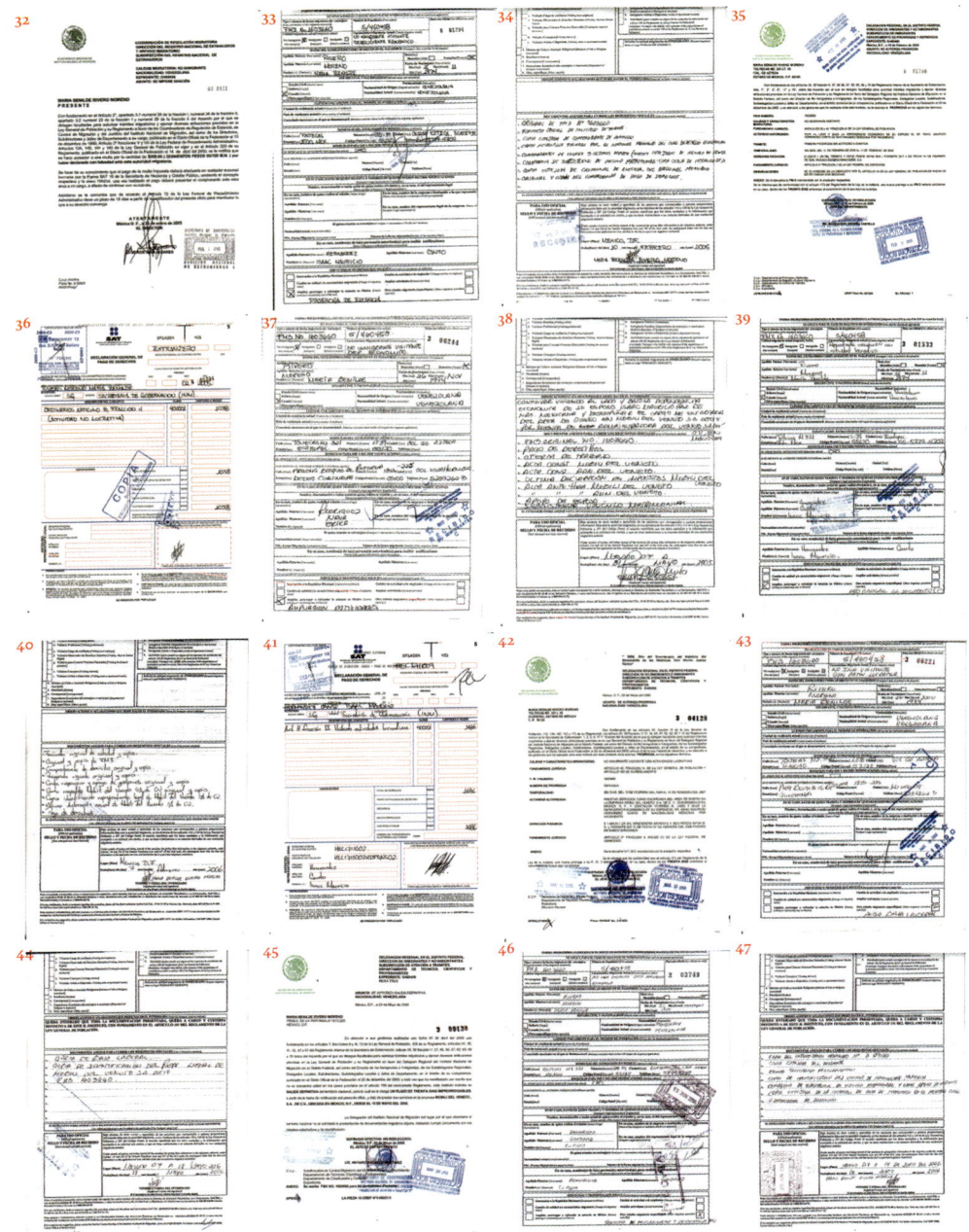

32 Carta: multa (error domicilio) | *Letter: Fine (address mistake)* **33-34** Solicitud de trámite migratorio | *Migration process request* **35** Carta: prórroga estado migratorio | *Letter: Extension of migration status* **36** Declaración general de pago de derechos | *Statement of payment of fees* **37-38** Solicitud de trámite migratorio | *Migration process request* **39-40** Solicitud de trámite migratorio | *Migration process request* **41** Declaración general de pago de derechos | *Statement of payment of fees* **42** Carta: prórroga estado migratorio | *Letter: Extension migration status* **43-44** Solicitud de trámite migratorio | *Migration process request* **45** Carta: prórroga estado migratorio | *Letter: Extension migration status* **46-47** Solicitud de trámite migratorio | *Migration process request*

HOW TO BECOME MEXICAN

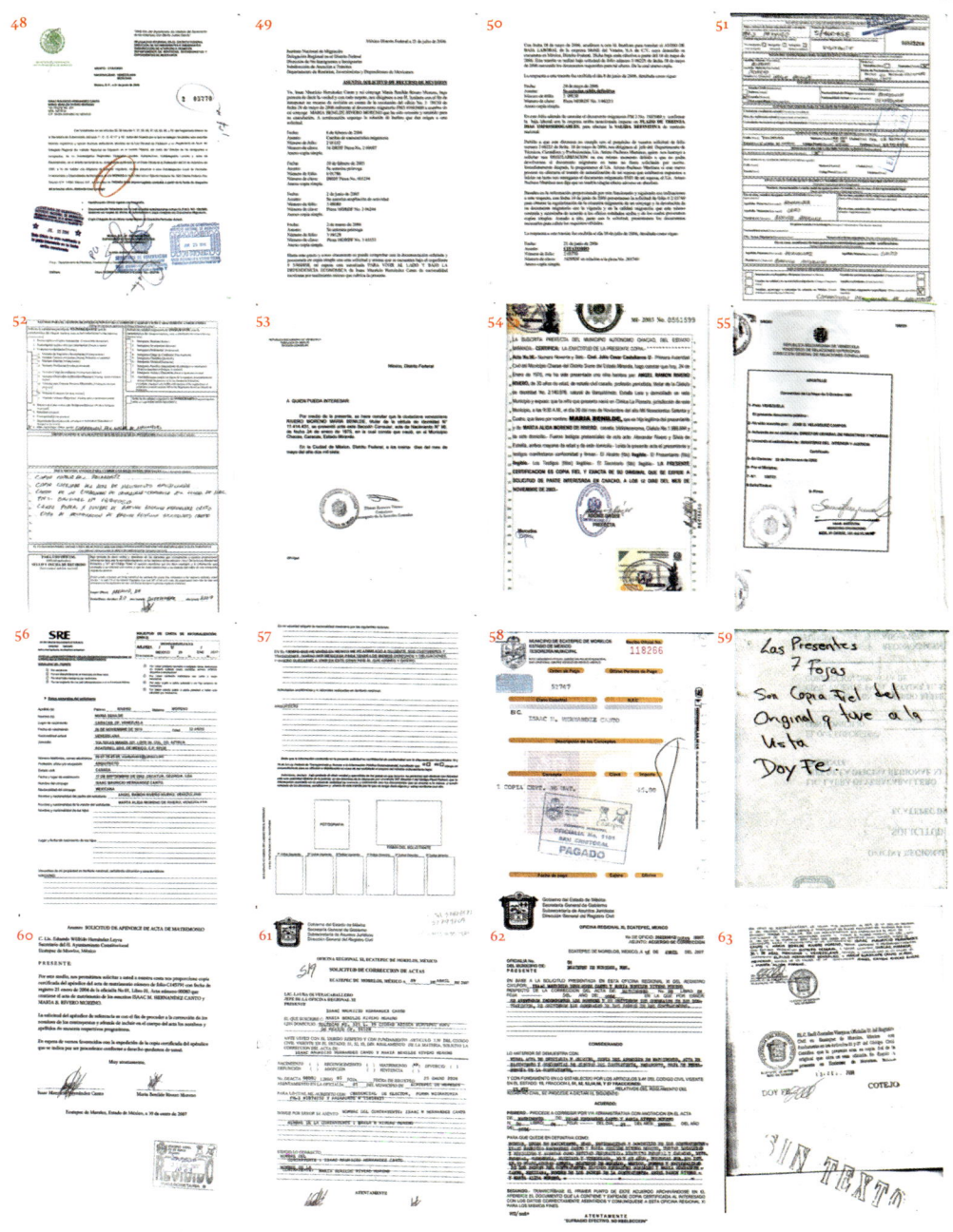

39

48 Carta: prórroga estado migratorio | *Letter: Extension migration status* **49-50** Solicitud de recurso de revisión | *Appeal of juridical review* **51-52** Solicitud de trámite migratorio | *Migration process request* **53** Carta: corrección del lugar de nacimiento | *Letter: place of birth correction* **54** Acta de nacimiento | *Birth certificate* **55** Apostille acta de nacimiento | *Birth certificate apostille* **56-57** Solicitud de carta de naturalización | *Naturalization certificate request* **58** Comprobante de pago | *Receipt* **59** Corrección de datos | *Data correction* **60** Carta: solicitud de apéndice de acta de nacimiento | *Letter: Birth certificate appendix request* **61** Solicitud de corrección de acta | *Certificate amendment request* **62** Registro civil | *Civil registry* **63** Copia certificada del registro civil | *Certified copy from the civil registry*

María Rivero
COMO HACERSE MEXICANO

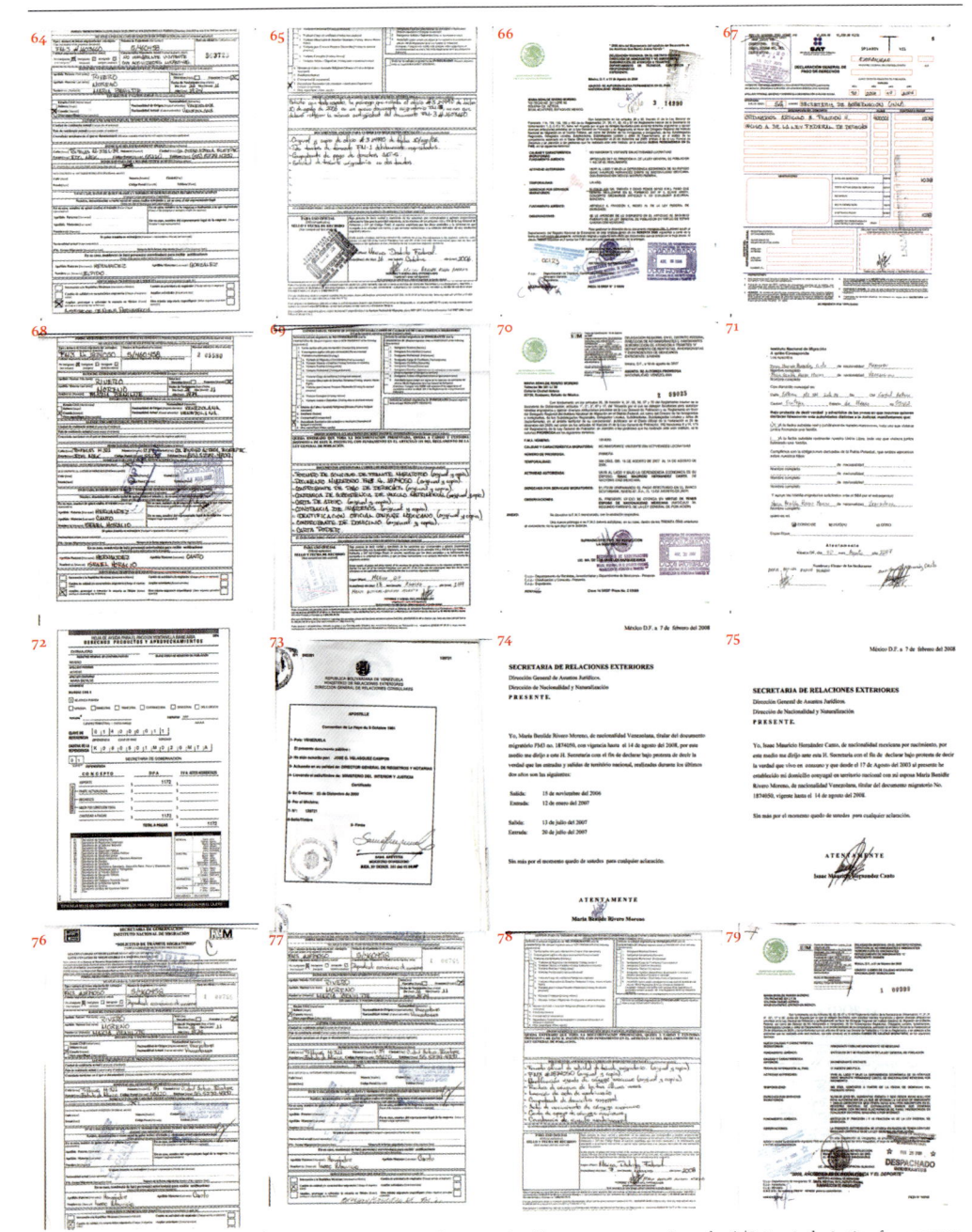

40

64–65 Solicitud de trámite migratorio | Migration process request 66 Carta: autorización nueva permanencia en el país | Letter: Authorization of new constant presence in the country 67 Declaración general de pago de derechos | Statement of payment of fees 68–69 Solicitud de trámite migratorio | Migration process request 70 Carta: autorización nueva permanencia en el país | Letter: Authorization of new constant presence in the country 71 Constancia | Certificate 72 Comprobante de pago | Receipt 73 Apostille | Apostille 74 Carta a Dirección General de Asuntos Jurídicos | Letter to the Department of Legal Affairs 75 Carta a Dirección General de Asuntos Jurídicos | Letter to the Department of Legal Affairs 76–78 Solicitud de trámite migratorio | Migration process request 79 Carta: cambio de calidad migratoria | Letter: Change of migration status

HOW TO BECOME MEXICAN

41

80-81 Solicitud de trámite migratorio | *Migration process request* 82 Comprobante de pago | *Receipt* 83 Documento migratorio del inmigrante (FM2) | *Migration document of the immigrant (FM2)* 84 Comprobante de pago | *Receipt* 85 Solicitud de trámite migratorio | *Migration process request* 86 Carta: autorización refrendo | *Letter: authorization signing* 87-88 Solicitud de trámite migratorio | *Migration process request* 89 Carta: anotación en FM2 | *Letter: FM2 notation* 90-91 Solicitud de trámite migratorio | *Migration process request* 92 Carta de naturalización | *Certificate of naturalización* 93 Carta de naturalización | *Certificate of naturalización*

NIVEL I: BÁSICO
LECCIÓN 1: La PRIMER vs. La PRIMERA

la primer~~a~~ vez	la primer~~a~~ vez
la primer~~a~~ vez	la primer~~a~~ vez
la primer~~a~~ vez	la primer~~a~~ vez
la primer~~a~~ vez	la primer~~a~~ vez
la primer~~a~~ vez	la primer~~a~~ vez
la primera vez	la primer~~a~~ vez
la primer~~a~~ vez	la primer~~a~~ vez
la primer~~a~~ vez	la primer~~a~~ vez
la primera vez	la primer~~a~~ vez

NIVEL I: BÁSICO
LECCIÓN 3: ¿QUÉ CUESTA? vs. ¿CUÁNTO CUESTA?
EJERCICIO: Escribe 9 preguntas de precios

¿~~Cuánto~~ **Qué** cuesta el agua? ✗
¿~~Cuánto~~ **Qué** cuesta la entrada al concierto? ✗
¿~~Cuánto~~ **Qué** cuesta una torta de milanesa? ✗
¿~~Cuánto~~ **Qué** cuesta el pasaje? ✗
¿~~Cuánto~~ **Qué** cuesta un refresco? ✗
¿~~Cuánto~~ **Qué** cuesta una chela? ✗
¿~~Cuánto~~ **Qué** cuesta el cuaderno? ✗
¿~~Cuánto~~ **Qué** cuesta un helado? ✗
¿~~Cuánto~~ **Qué** cuesta esa playera? ✗

La forma correcta de preguntar precios es ¿Qué cuesta...?

NIVEL I: BÁSICO

LECCIÓN 4: VERBO "VENIR". PRETÉRITO PERFECTO SIMPLE:
EJERCICIO: ESCRIBE 5 ORACIONES. VINISTE vs VENISTE

1. ¿Con quién ~~viniste~~ Veniste ? ✗
2. ¡~~Viniste~~ Veniste muy rápido! ✗
3. Ese día ~~viniste~~ veniste muy contento ✗
4. ~~Viniste~~ Veniste vestido de rojo ✗
5. ~~Viniste~~ Veniste pero no te vi ✗

Nota: El error es constante. La forma correcta en el español Mexicano es "Veniste".

NIVEL I: BÁSICO

LECCIÓN 5: PRONOMBRE POSESIVO EN 3ra PERSONA:
SUYO DEL - DELLA

Castellano (Real Academia Española)	Español - Mexicano
La mamá de Andrés	→ Su mamá de Andrés
El coche de él/ella	→ Su coche de él/ella
Voy a la casa de él/ella	→ Voy a su casa dél/della.

Ángel Gustavo Rivero Moreno
APRENDIENDO ESPAÑOL-MEXICANO Piropos

NIVEL II: INTERMEDIO

PIROPOS

1. En esa cola sí me formo.
2. Vamos a cruzarnos a ver que sale.
3. ¿Qué comen los pajaritos? R: Masita
4. ¿Te vas en taxi?
5. Pollito, vente a comer.
6. ¿Cómo se cocinan los bisteks? tsssssssss.
7. ¿De qué juguetería te escapaste... muñeca?
8. ¿Quién fuera bizco para verte dos veces?
9. Si tus piernas son las vías, como estará la estación.

10. Mamacita estas tan buena que te comería con todo y ropa, aunque pasara un mes cagando trapos.
11. Flaca tírame un hueso.
12. ¿Crees en el amor a primera vista? Si quieres puedo volver a pasar.
13. Eres un camión con atracción delantera.
14. Chuchoco me estrello.
15. Con esas tortas ni frijoles pido.
16. Con ese par de tortas y un licuado... atravieso el desierto!!!

LEARNING MEXICAN SPANISH *Flirtatious Comments*

17. Hola... bonita blusa, harías excelente juego con la alfombra de mi cuarto.

18. Mamacita, dichoso el clavo que ponche esas llantitas.

19. ¿Qué chichacas no te quitan la licencia?

20. ¿En alguna ocasión nos hemos visto?

21. Gordita... nos vemos en el comal.

22. Bendita la tuerca del rin de la llanta del camión que trajo el cemento donde estás parada... ... MONUMENTO.

23. Con esas tortas, no me alcanza pa' los chescos.

24. Los ángeles no tendrán espalda... pero qué cola ¡Dios mío!

25. Quiero ser sol, para darte todo el día.

26. ¿De qué pastelería te escapaste, bombón?

Ángel Gustavo Rivero Moreno
APRENDIENDO ESPAÑOL-MEXICANO Seas corporales

¡Huevos! | *Fuck off!*

Me estoy cagando | *I'm shitting*

Me cojí a tu vieja | *I fucked your broad*

Chiviricos | *Suck my dick*

Ojete | *Asshole*

¡Chinga tu madre! | *Go fuck your mother!*

LEARNING MEXICAN SPANISH *Corporal Signs*   47

Límpiate | *Wipe out*

Colmillo | *Cunning*

Pícate el hoyo | *Go fuck yourself*

Lo que te toca | *Without translation*

Varo | *Cash*

Cuernos | *Get lost*

Móchate | *Share*

Puñal | *Fagat*

¡Gracias! | *Thanks!*

Nirvana Paz
METRO CORRESPONDENCIAS 48

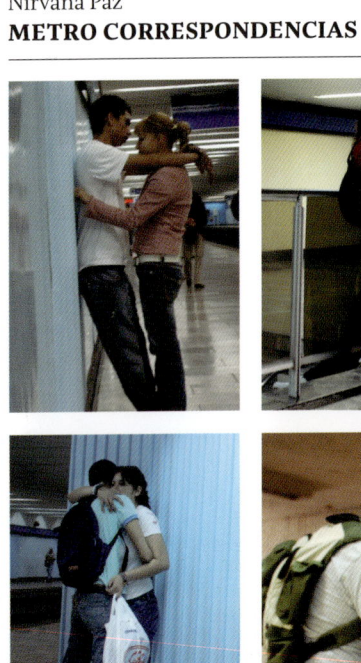

SUBWAY CONNECTIONS 49

Alejandra Alós
REGISTROS COTIDIANOS

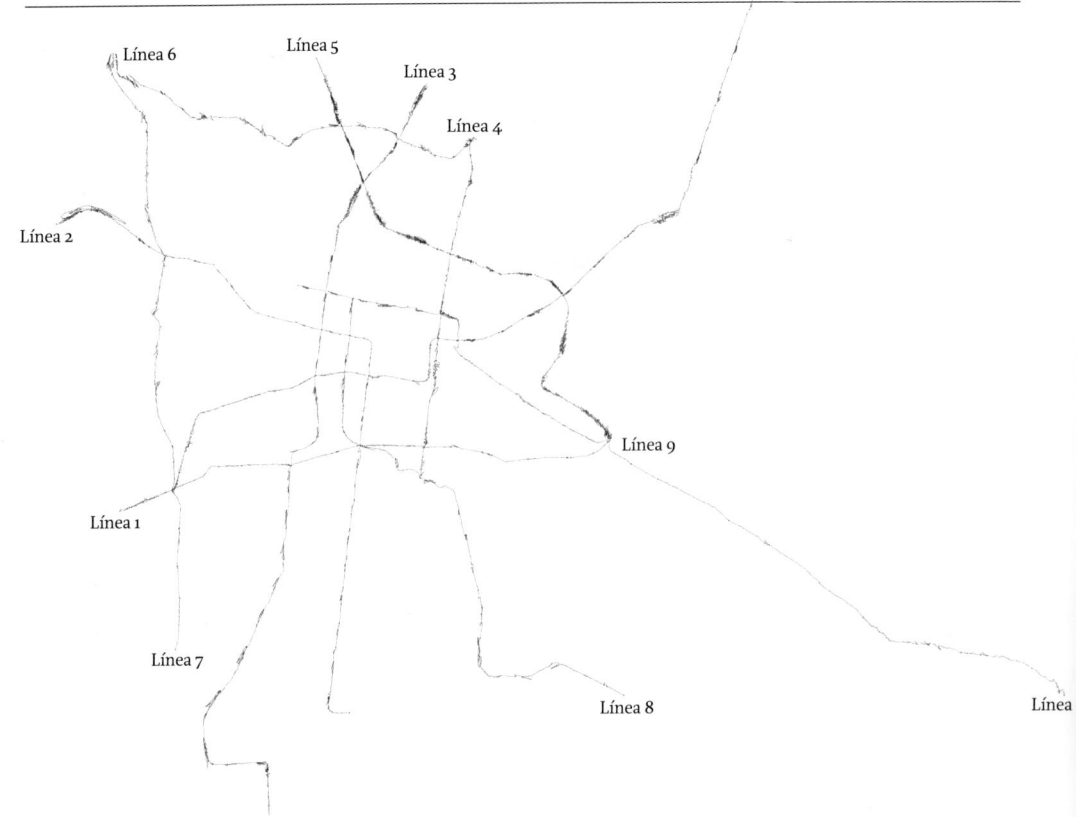

50

Línea B
Línea 6
Línea 5
Línea 3
Línea 4
Línea 2
Línea 9
Línea 1
Línea 7
Línea 8
Línea

Línea 1
Registro #3

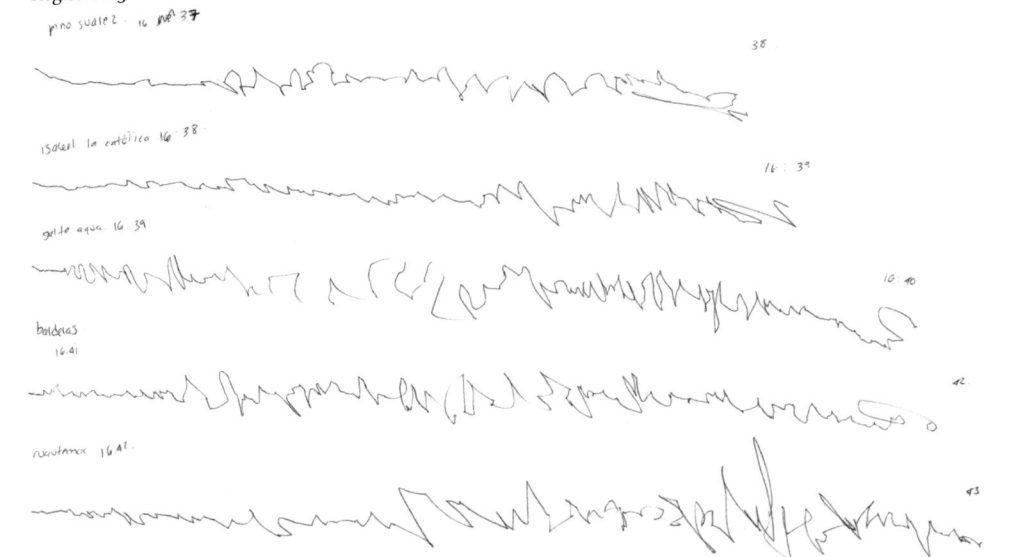

DAILY RECORDS

Línea 2
Registro #5

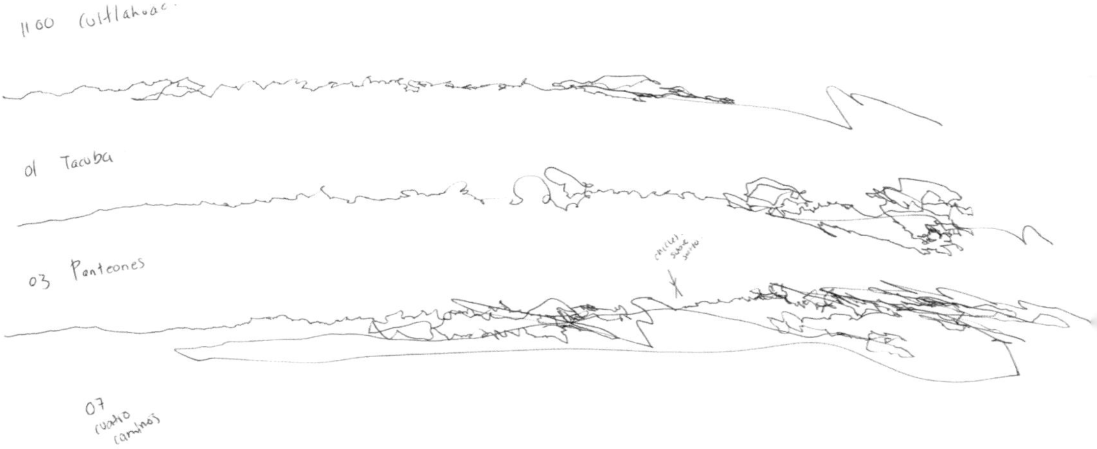

11:00 Cuitlahuac

01 Tacuba

03 Panteones

07 (uatro caminos)

Línea 3
Registro #12

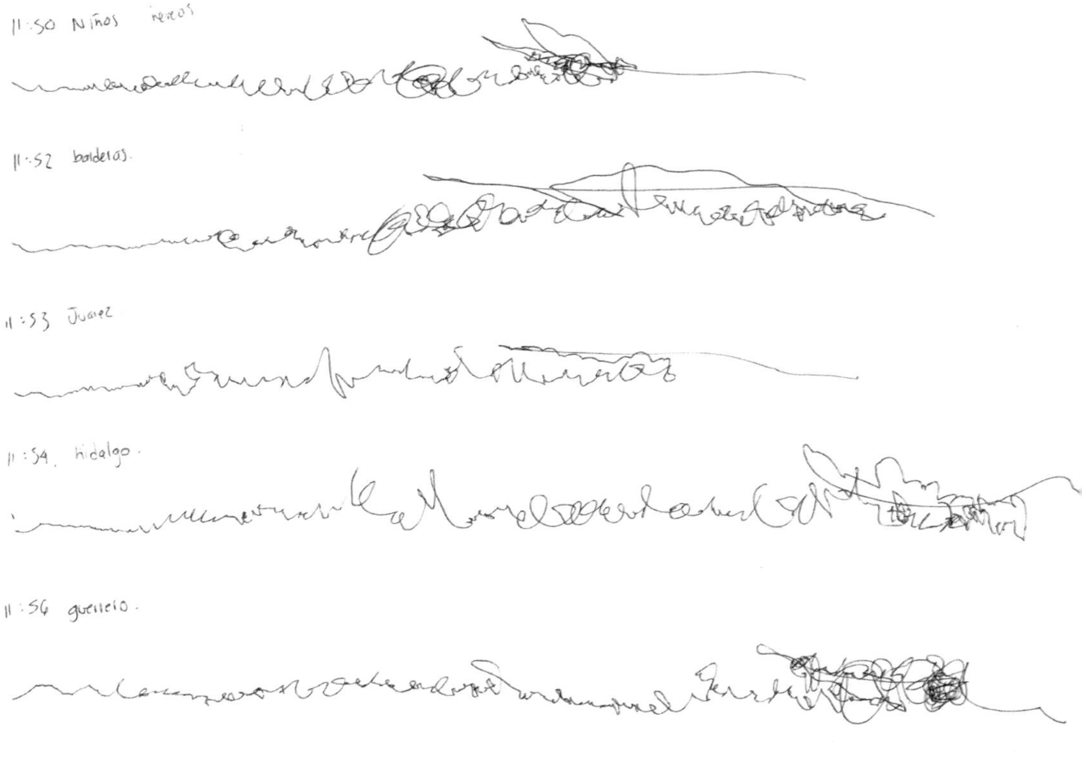

11:50 Niños héroes

11:52 banderas

11:53 Juarez

11:54 hidalgo

11:56 guerrero

Alejandra Alós
REGISTROS COTIDIANOS

Línea 4
Registro #15

11:30 Morelos

11:32 Candelaria

11:34 Fray Servando

11:35 Jamaica

11:37 Santa Anita

Línea 5
Registro #17

12:52 Valle Gómez

12:54 Consulado

12:55 Eduardo Molina

12:58 Aragón

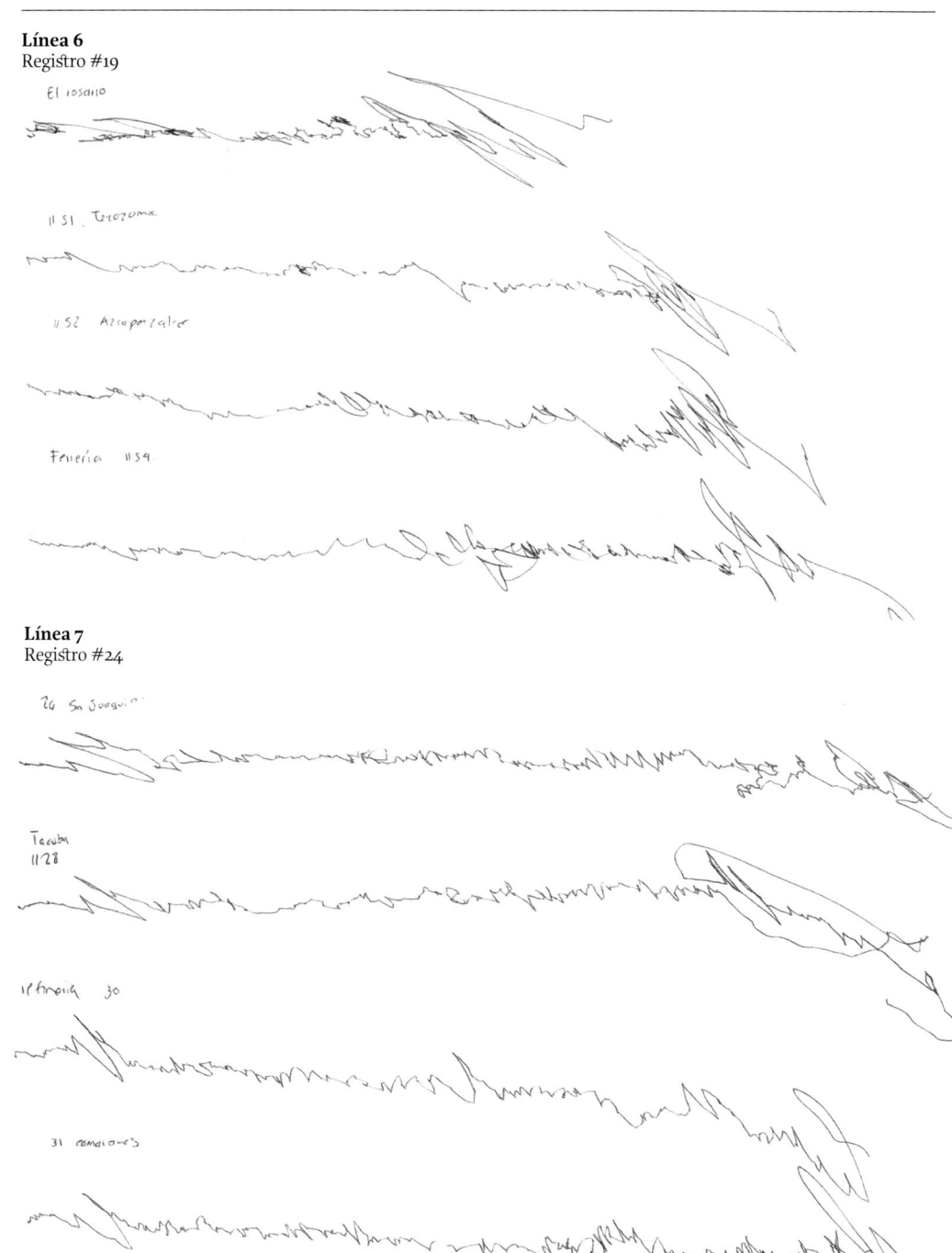

DAILY RECORDS

Línea 6
Registro #19

El rosario

11 51 Tacuba

11 52 Azcapotzalco

Feueria 11 54

Línea 7
Registro #24

26 Sn Joaquín

Tacuba
11 28

Refineria 30

31 camarones

Alejandra Alós
REGISTROS COTIDIANOS

Línea 8
Registro #27

Línea 9
Registro #31

DAILY RECORDS

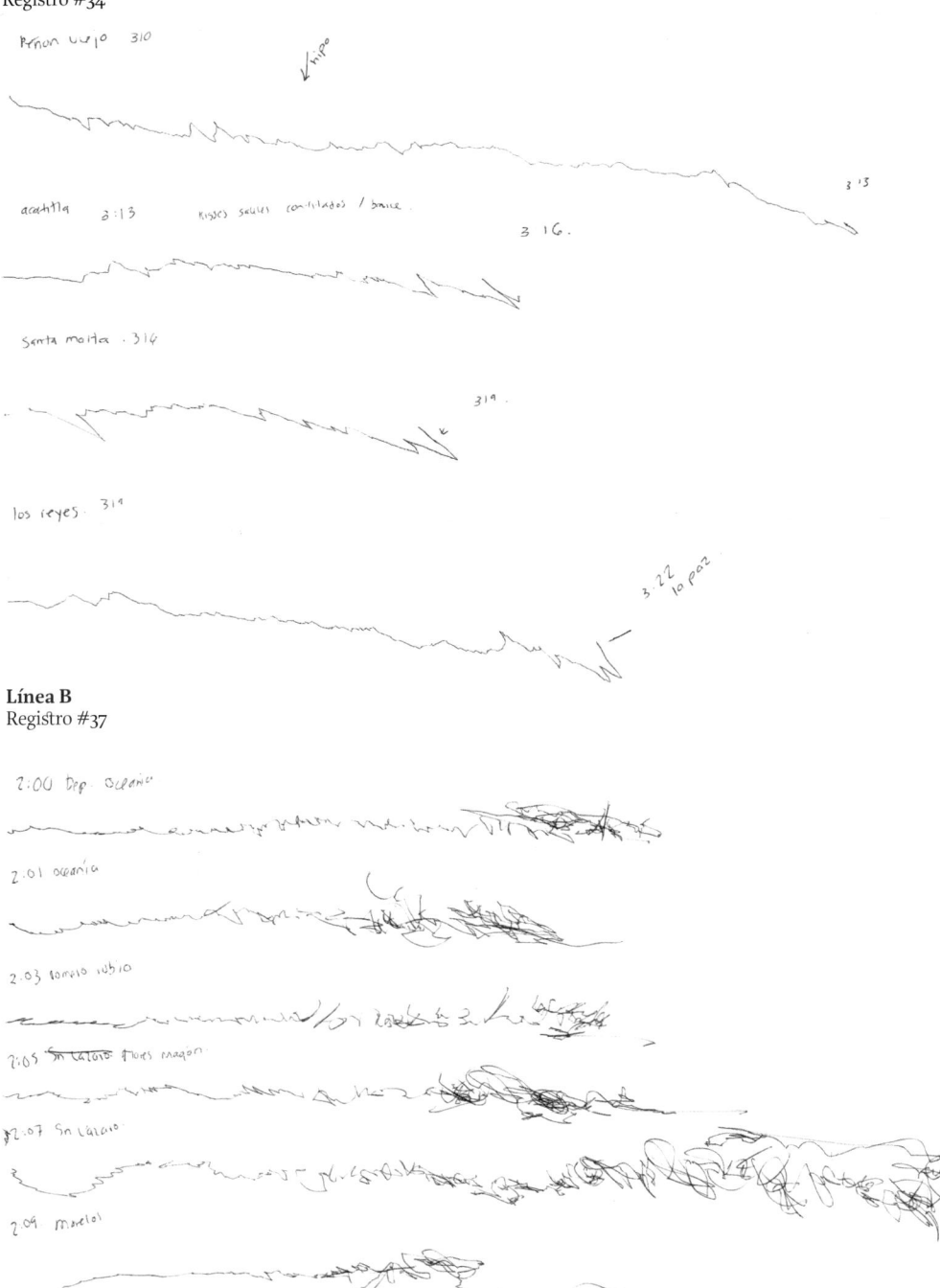

Línea A
Registro #34

Peñon viejo   310

↓hipo

acatitla   3:13   Risves sauces confilades / brace.   3 16.   3 13

santa marta . 314

319.

los reyes   319

3.22 la paz

Línea B
Registro #37

2:00 Dep. Oceanía

2:01 oceanía

2:03 romero rubio

2:05 Sn Lazaro flores magón

2:07 Sn Lazaro

2:09 morelos

Anaid Espinosa
ASÍ ME SUENA

983 - TJE — T**E**JOCOT**E**

863 - LTN — **L**E**T**A**N**IA

933 - NET — **NET**A

872 - CHO — **CH**A**M**A**CO**

269 - UJL — **UJ**U**L**E

496 - ART — **A**H**OR**I**T**A

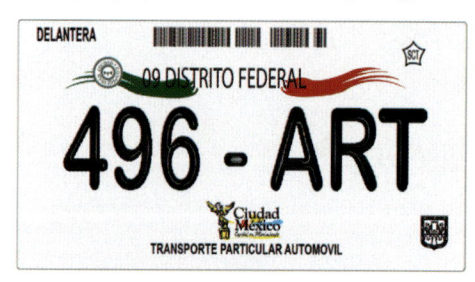

AHORITA: tiempo indefinido | *Indefinite period of time.*
CHAMACO: sinónimo de niño | *Synonym for kid.*
LETANÍA: discurso largo; conjunto de oraciones que se celebran en un velorio; hacer una letanía de algo es hacerlo tedioso | *Long speech, a group of prayers during a wake, to make something tedious or boring.*
MADEJA: porción desordenada de algo | *Messy portion of something.*

NETA: decir la verdad; hablar con honestidad; decir las cosas directamente | *To tell the truth, to speak honestly, to say things straight forward.*
TEJOCOTE: fruto color anaranjado, tradicionalmente utilizado en el ponche navideño | *Orange fruit, usually cooked during Christmas for punch.*
REBOZO: tejido de hilo utilizado para abrigarse del frío, también utilizado para cargar a los bebés | *Woven fabric*

854 - UCA
UCHALA

462 - RBZ
REBOZO

480 - MDJ
MADEJA

976 - TNA
TUNA

368 - TUR
TERTULIA

139 - TTP
TITIPUCHAL

used to cover oneself from the cold, also used to carry a baby near the body.
TERTULIA: calma; estar en tertulia, es estar en calma; despistar | *Ease, to be at ease, to confuse.*
TITIPUCHAL: sinónimo de bastante | *Synonym for a lot of something.*
TUNA: fruto del nopal | *Prickly pear.*
ÚCHALA: expresión utilizada cuando algo ha salido mal, fuera de lo planeado; expresión para la decepción | *Expression used when something went wrong, or unplanned. This is used to express disappointment.*
ÚJULE: expresión que se refiere a algo muy lejano, ya sea una situación, un lugar o una idea utópica | *Expression refering to something that is far away, being a situation, a place or a utopia.*

Anaid Espinosa
A $10

FOR $10

Francis Alÿs
AMBULANTES, 1992–2006

PEDDLERS, 1992–2006

Francis Alÿs
AMBULANTES, 1992–2006

PEDDLERS, 1992-2006

Presentación de 80 diapositivas, dimensiones variables | Slide show consisting of 80 slides, dimensions variable © Francis Alÿs

Arit Marín Tun
TIENDA "LA AUTÉNTICA"

"THE AUTHENTIC" STORE

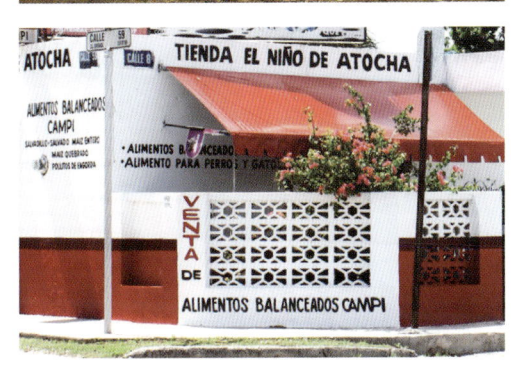

Marisol Domínguez
LEY CONTRA LA OBESIDAD INFANTIL

66

Nutrition Facts	Nutrition Facts	Nutrition Facts	Nutrition Facts
Serving Size 32.25 g (3 cookies) Serving Per Container 2.5	Serving Size 14g Serving Per Container 1	Serving Size 1 piece Serving Per Container 1	Serving Size 4g Serving Per Container 1
Amount Per Serving	**Amount Per Serving**	**Amount Per Serving**	**Amount Per Serving**
Calories 155 kcal Calories from fat	Calories 50kcal Calories from fat	Calories 41kcal Calories from fat	Calories 20 kcal Calories from fat
%Daily Value*	%Daily Value*	%Daily Value*	%Daily Value*
Total Fat 6.6g	Total Fat 0g	Total Fat 0g	Total Fat 0g
Saturated Fat 3.3g Trans Fat 0g	Saturated Fat 0g Trans Fat 0g	Saturated Fat 0g Trans Fat 0g	Saturated Fat Trans Fat
Choresterol 0mg	Choresterol 0mg	Choresterol 0mg	Choresterol
Sodium 100mg	Sodium 230mg	Sodium 127mg	Sodium 430mg
Total Carbohydrate 22g	Total Carbohydrate 13g	Total Carbohydrate 10g	Total Carbohydrate 5g
Dietary Fiber 0.5g	Dietary Fiber 0g	Dietary Fiber 0g	Dietary Fiber
Sugar 11g	Sugar 11g	Sugar 10g	Sugar 3g
Protein 2g	Protein 0g	Protein 0g	Protein 0g
*Percent Daily Values are based on a 2, 000 calorie diet. Your daily values may be higher or lower depending on your calorie need:	*Percent Daily Values are based on a 2, 000 calorie diet. our daily values may be higher or lower depending on your calorie need:	*Percent Daily Values are based on a 2, 000 calorie diet. our daily values may be higher or lower depending on your calorie need:	*Percent Daily Values are based on a 2, 000 calorie diet. Your daily values may be higher or lower depending on your calorie need:

Nutrition Facts	Nutrition Facts	Nutrition Facts	Nutrition Facts
Serving Size 15g Serving Per Container 1	Serving Size 25g Serving Per Container 1	Serving Size 40g Serving Per Container 1.4	Serving Size 25g Serving Per Container 1.7
Amount Per Serving	**Amount Per Serving**	**Amount Per Serving**	**Amount Per Serving**
Calories 80kcal Calories from fat	Calories 99kcal Calories from fat	Calories 188kcal Calories from fat	Calories 132kcal Calories from fat
%Daily Value*	%Daily Value*	%Daily Value*	%Daily Value*
Total Fat 4.4g	Total Fat 3g	Total Fat 10.6g	Total Fat 8g
Saturated Fat 1.7g Trans Fat 0g	Saturated Fat 4g Trans Fat 0g	Saturated Fat T rans Fat	Saturated Fat 3.5g Trans Fat 0g
Choresterol	Choresterol	Choresterol	Choresterol 0mg
Sodium 10mg	Sodium 14mg	Sodium 180.6mg	Sodium 240mg
Total Carbohydrate 10g	Total Carbohydrate 17g	Total Carbohydrate 16.6g	Total Carbohydrate 14g
Dietary Fiber 0g	Dietary Fiber 0g	Dietary Fiber	Dietary Fiber 0g
Sugar 9g	Sugar 16g	Sugar	Sugar 0g
Protein 0g	Protein 1g	Protein 6.6g	Protein 1g
*Percent Daily Values are based on a 2, 000 calorie diet. Your daily values may be higher or lower depending on your calorie need:	*Percent Daily Values are based on a 2, 000 calorie diet. our daily values may be higher or lower depending on your calorie need:	*Percent Daily Values are based on a 2, 000 calorie diet. Your daily values may be higher or lower depending on your calorie need:	*Percent Daily Values are based on a 2, 000 calorie diet. our daily values may be higher or lower depending on your calorie need:

Artículo 66. En materia de higiene escolar, corresponde a las autoridades sanitarias establecer las normas oficiales mexicanas para proteger la salud del educando y de la comunidad escolar, procurando que los alimentos expendidos en las escuelas tengan un mayor aporte nutrimental evitando los alimentos procesados altos en grasas y azúcares simples. Las autoridades educativas y sanitarias se coordinarán para la aplicación de las mismas.

LAW AGAIST CHILDREN'S OBESITY

Nutrition Facts
Serving Size
Serving Per Container

Amount Per Serving
Calories   Calories from fat
                          %Daily Value*
Total Fat
   Saturated Fat   Trans Fat
Choresterol
Sodium
Total Carbohydrate
   Dietary Fiber
   Sugar
Protein

*Percent Daily Values are based on a 2, 000 calorie diet. our daily values may be higher or lower depending on your calorie need:

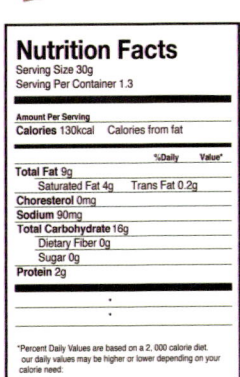

Nutrition Facts
Serving Size 38g
Serving Per Container 1

Amount Per Serving
Calories 45kcal   Calories from fat
                          %Daily Value*
Total Fat 0g
   Saturated Fat 0g   Trans Fat 0g
Choresterol 0mg
Sodium 930mg
Total Carbohydrate 11g
   Dietary Fiber 0g
   Sugar 10g
Protein 0g

*Percent Daily Values are based on a 2, 000 calorie diet. Your daily values may be higher or lower depending on your calorie need:

Nutrition Facts
Serving Size 50 g
Serving Per Container 1

Amount Per Serving
Calories 200 kcal   Calories from fat
                          %Daily Value*
Total Fat 8.2g
   Saturated Fat 5.4g   Trans Fat 0g
Choresterol 15.2mg
Sodium 263mg
Total Carbohydrate 29.4g
   Dietary Fiber 0.8g
   Sugar 15.3g
Protein 2.2g

*Percent Daily Values are based on a 2, 000 calorie diet. Your daily values may be higher or lower depending on your calorie need:

Nutrition Facts
Serving Size
Serving Per Container

Amount Per Serving
Calories   Calories from fat
                          %Daily Value*
Total Fat
   Saturated Fat   Trans Fat
Choresterol
Sodium
Total Carbohydrate
   Dietary Fiber
   Sugar
Protein

*Percent Daily Values are based on a 2, 000 calorie diet. our daily values may be higher or lower depending on your calorie need:

Nutrition Facts
Serving Size 25g
Serving Per Container 1.8

Amount Per Serving
Calories 122kcal   Calories from fat
                          %Daily Value*
Total Fat 6g
   Saturated Fat 2.5g   Trans Fat 0g
Choresterol 0mg
Sodium 280mg
Total Carbohydrate 15g
   Dietary Fiber 0g
   Sugar 0g
Protein 2g

*Percent Daily Values are based on a 2, 000 calorie diet. our daily values may be higher or lower depending on your calorie need:

Nutrition Facts
Serving Size 30g
Serving Per Container 1.3

Amount Per Serving
Calories 130kcal   Calories from fat
                          %Daily Value*
Total Fat 9g
   Saturated Fat 4g   Trans Fat 0.2g
Choresterol 0mg
Sodium 90mg
Total Carbohydrate 16g
   Dietary Fiber 0g
   Sugar 0g
Protein 2g

*Percent Daily Values are based on a 2, 000 calorie diet. our daily values may be higher or lower depending on your calorie need:

Nutrition Facts
Serving Size 20g
Serving Per Container 1

Amount Per Serving
Calories 172kcal   Calories from fat
                          %Daily Value*
Total Fat 12g
   Saturated Fat 5g T   rans Fat 0g
Choresterol 0mg
Sodium 456mg
Total Carbohydrate 15g
   Dietary Fiber 0g
   Sugar 1g
Protein 1g

*Percent Daily Values are based on a 2, 000 calorie diet. our daily values may be higher or lower depending on your calorie need:

Nutrition Facts
Serving Size 25g
Serving Per Container 2

Amount Per Serving
Calories 127kcal   Calories from fat
                          %Daily Value*
Total Fat 7g
   Saturated Fat 3.5g   Trans Fat 0g
Choresterol 0mg
Sodium 230mg
Total Carbohydrate 15g
   Dietary Fiber 0g
   Sugar 0g
Protein 1g

*Percent Daily Values are based on a 2, 000 calorie diet. our daily values may be higher or lower depending on your calorie need:

Article 66. With relation to school hygiene, the Mexican authorities are entitled to state the Mexican official rules and regulations to protect the health of the students and the school community, trying to make the food sold at schools have higher nutritional contribution, by avoiding the processed food with a lot of fats and monosaccharides. The educational and sanitary authorities shall be coordinated to make this rules and regulations be complied by the schools.

Citlali Fabián Bautista
VITAMINA T

Tostada

Totopos

Tlayuda

Tamal

Tacos

Tortillas

VITAMIN T

69

Torta de Tamal	Torta
Tejate	Tocino
Tarta	Tasajo

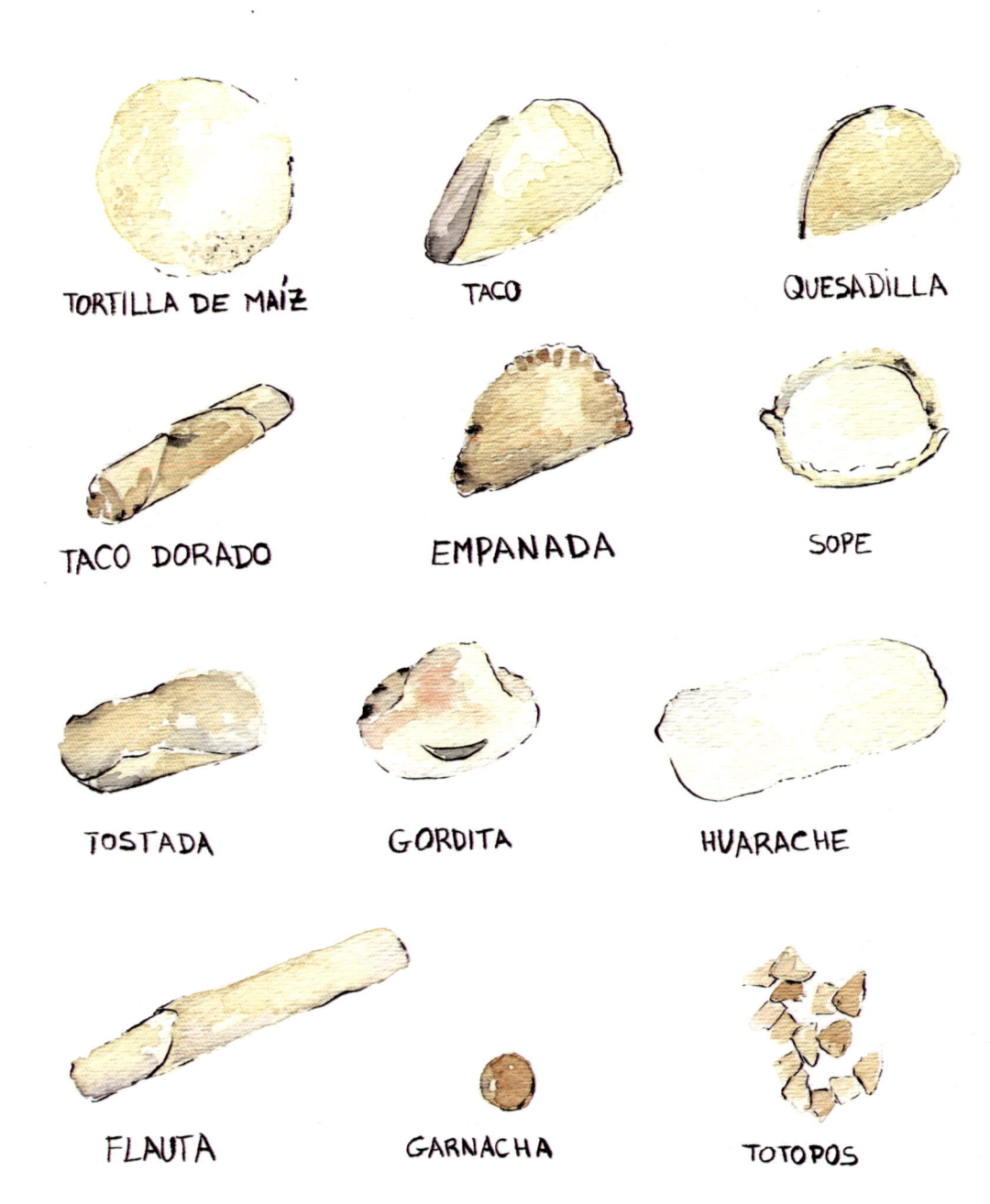

Helena Fernández-Cavada
VEINTE CAMINOS PARA LLEGAR A LA MASA

TORTILLA DE MAÍZ

TACO

QUESADILLA

TACO DORADO

EMPANADA

SOPE

TOSTADA

GORDITA

HUARACHE

FLAUTA

GARNACHA

TOTOPOS

TWENTY WAYS TO REACH THE MASS

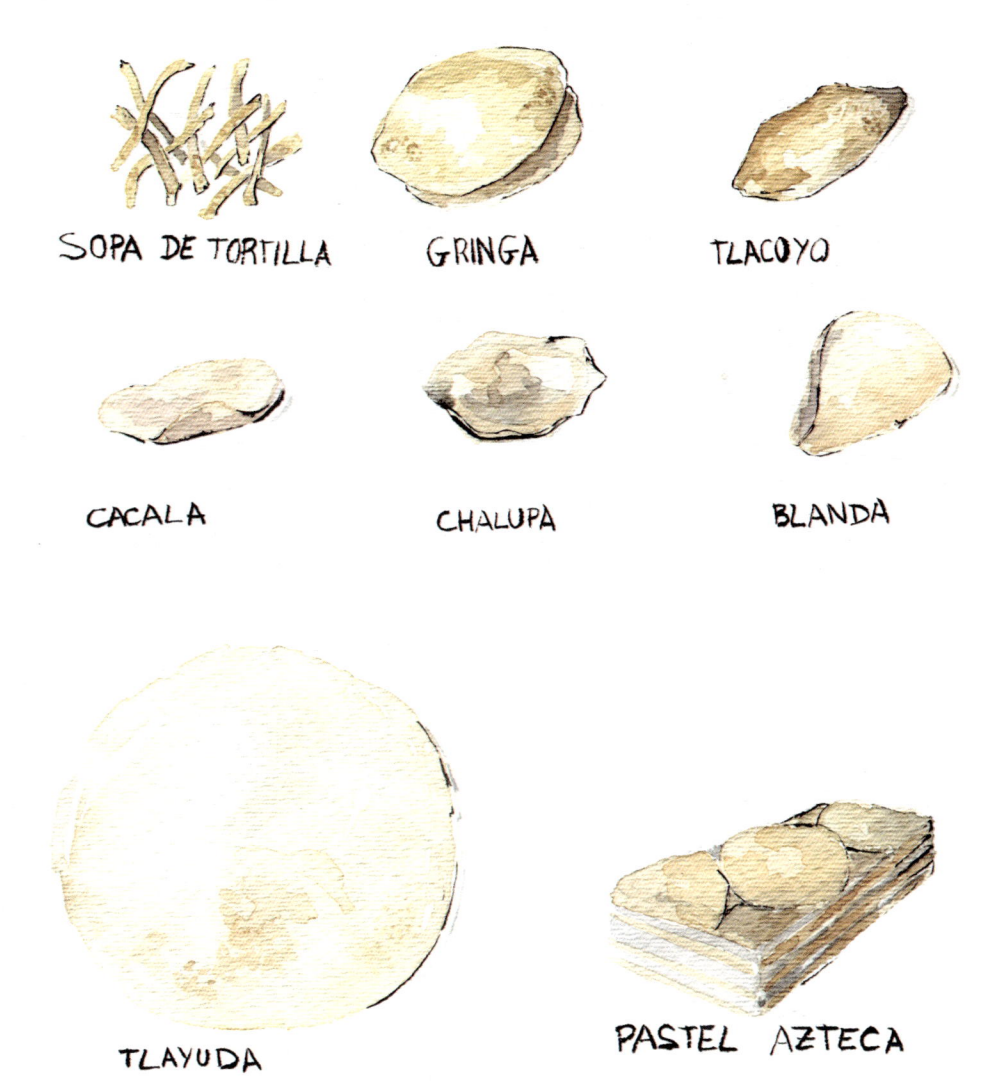

SOPA DE TORTILLA

GRINGA

TLACOYO

CACALA

CHALUPA

BLANDA

TLAYUDA

PASTEL AZTECA

Marco Muñoz
CHANGARROS ORGULLOSOS

PROUD "CHANGARROS"

Marco Muñoz
CHANGARROS ORGULLOSOS 74

PROUD "CHANGARROS"

José Ramón Estrada A.
INTIMIDAD PÚBLICA

PUBLIC INTIMACY

José Ramón Estrada A.
INTIMIDAD PÚBLICA

PUBLIC INTIMACY

Helena Fernández-Cavada
LUZ DE DÍA TODA LA NOCHE Mercado de las Flores, 23:30 HORAS

DAYLIGHT ALL NIGHT *Flower Market,* 11:30 PM 81

Helena Fernández-Cavada
LUZ DE DÍA TODA LA NOCHE Mercado de las Flores, 23:50 HORAS

82

DAYLIGHT ALL NIGHT *Flower Market,* 11:50 PM

Helena Fernández-Cavada
LUZ DE DÍA TODA LA NOCHE Mercado de las Flores, 0:20 HORAS

84

DAYLIGHT ALL NIGHT *Flower Market, 0:20 AM* 85

Arturo Soto
LINDES DE LA CIUDAD DE MÉXICO

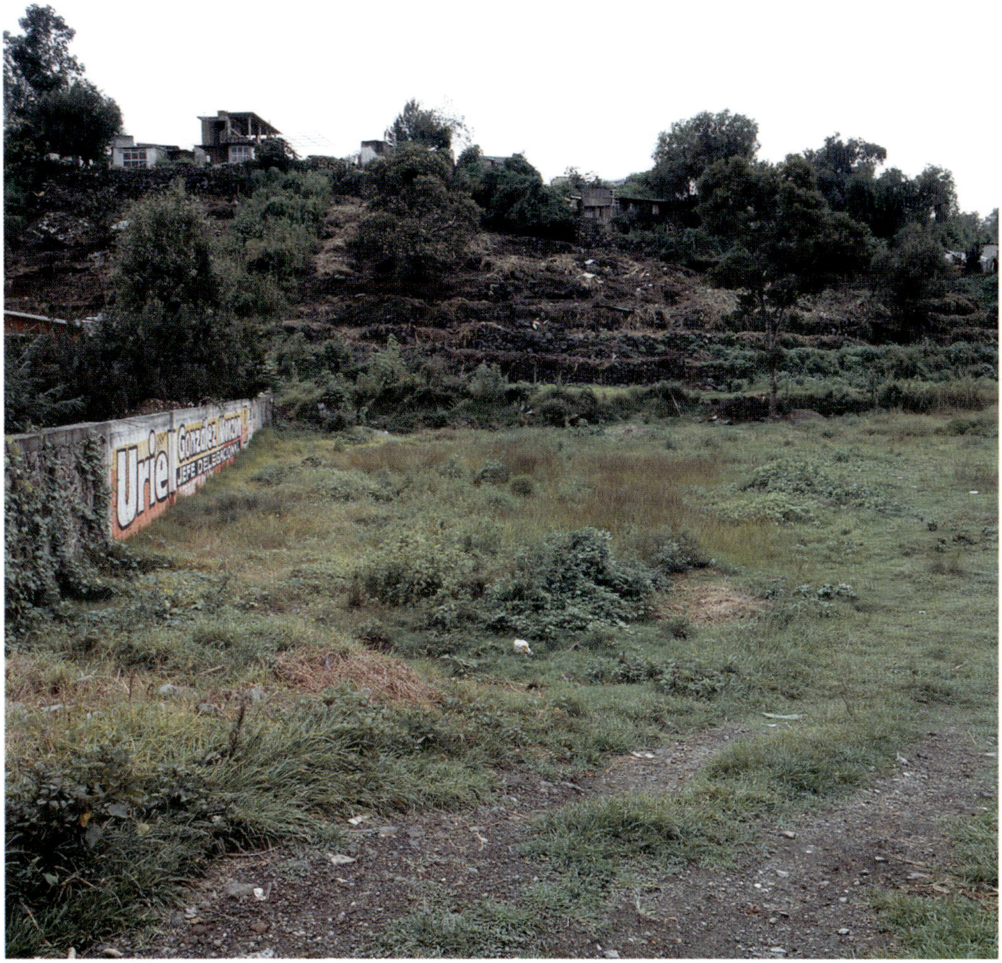
Uriel

Arturo Soto
LINDES DE LA CIUDAD DE MÉXICO

BOUNDARIES OF MEXICO CITY

Arturo Soto
LINDES DE LA CIUDAD DE MÉXICO

BOUNDARIES OF MEXICO CITY

Alfonso Camberos
CONSTRUCCIONES

92

Comunidad Pai-Pai de Santa Catarina, Valle de la Trinidad, Baja California

Valle de los Cirios, Baja California

Krutsio, Desierto Central, Baja California

La piedra, Centro de educación ambiental, Tecate, Baja California

Familia Urbina, Valle de Mexicali, Baja California

Familia Aguirre, Desierto Central, Baja California

Kuyima, Baja California Sur

Santa Fe, Tijuana, Baja California

CONSTRUCTIONS

93

Guelatao, Oaxaca

Sierra Norte, Oaxaca

Sierra Sur, Oaxaca

Latubi, Oaxaca

El mirador, Tijuana, Baja California

Villa Fontana, Tijuana, Baja California

Lomas Taurinas, Tijuana, Baja California

Xilitla, San Luis Potosí

Maria Luz Bravo
DAÑO COLATERAL, CIUDAD JUÁREZ

Maquiladora incendiada en desuso desde 2009 | *Burnt assembly-machine obsolete since 2009*

Obras de demolición del centro histórico desde 2007 | *Demolition of the downtown since 2007*

COLLATERAL DAMAGE, JUÁREZ CITY

Obras de demolición del centro histórico desde 2007 | *Demolition of the downtown since 2007*

Espacio público en desuso desde 2010 | *Public space obsolete since 2010*

Maria Luz Bravo
DAÑO COLATERAL, CIUDAD JUÁREZ

Ex hipódromo abandonado desde 2005 | *Former racetrack abandoned since 2005*

Cafetería en ex hipódromo abandonado desde 2005 | *Coffee shop at the Former racetrack abandoned since 2005*

COLLATERAL DAMAGE, JUÁREZ CITY

Espacio público en desuso desde 2000 | *Public space obsolete since 2000*

Redondel en ex hipódromo abandonado desde 2005 | *Ring at the Former racetrack abandoned since 2005*

Alfonso Camberos
LA ÚLTIMA CALLE DE MÉXICO

Norte (EUA) | *North (USA)*

Sur (MEX) | *South (MX)*

La Avenida Internacional, nombrada localmente como 'La Internacional', es una de las vialidades más transitadas de Tijuana. Esta ruta, cargada de simbolismos, bordea la línea fronteriza entre México y Estados Unidos, es decir al sur de ésta se encuentra la ciudad de Tijuana y al norte San Diego.

La Avenida Internacional, locally known as "La Internacional", is one of the busiest roads in Tijuana. This road, full of symbolism, is the boundary between Mexico and the United States, i.e. Tijuana is located on the Southern part of it and San Diego on the Northern part.

THE LAST STREET OF MEXICO

99

Tania Solomonoff
NOTAS CORPORALES ENTLATELOLCO

CORPORAL NOTES IN TLATELOLCO

Tania Solomonoff
NOTAS CORPORALES EN TLATELOLCO

CORPORAL NOTES IN TLATELOLCO

Silvana Agostoni
HUELLAS

años   de   prisión

Secundaria Jaime Torres Bodet, ubicada sobre la calle de Nicolás Zapata, cuando el ahora occiso al encontrarse platicando con la joven estudiante Navia Yeimi, fue arribado por Israel Guzman.

El arribo del joven novio de la estudiante, así como la presencia del estudiante, dio la pauta para que ambos comenzaran a pelear-se, sin embargo durante la riña, Israel Guzman sacaría de entre sus ropas una navaja de las llamadas 007, y con ésta infirió tremenda herida en la tetilla izquierda al joven, que a pesar de la ayuda médica que recibiera dejaría de existir en el hospital.

Luego de ser enteradas las autoridades del suceso, así como el homicida que se encontraba prófugo, no fue sino hasta el mes de septiembre de 1996, cuando agentes de la Policía Ministerial del Estado comisionados en Soledad de Graciano Sánchez y bajo el mando del jefe de grupo Marcelo Aranda, realizarían la detención del homicida, que de inmediato fue conducido a la Penitenciaría

Silvana Agostoni
HUELLAS

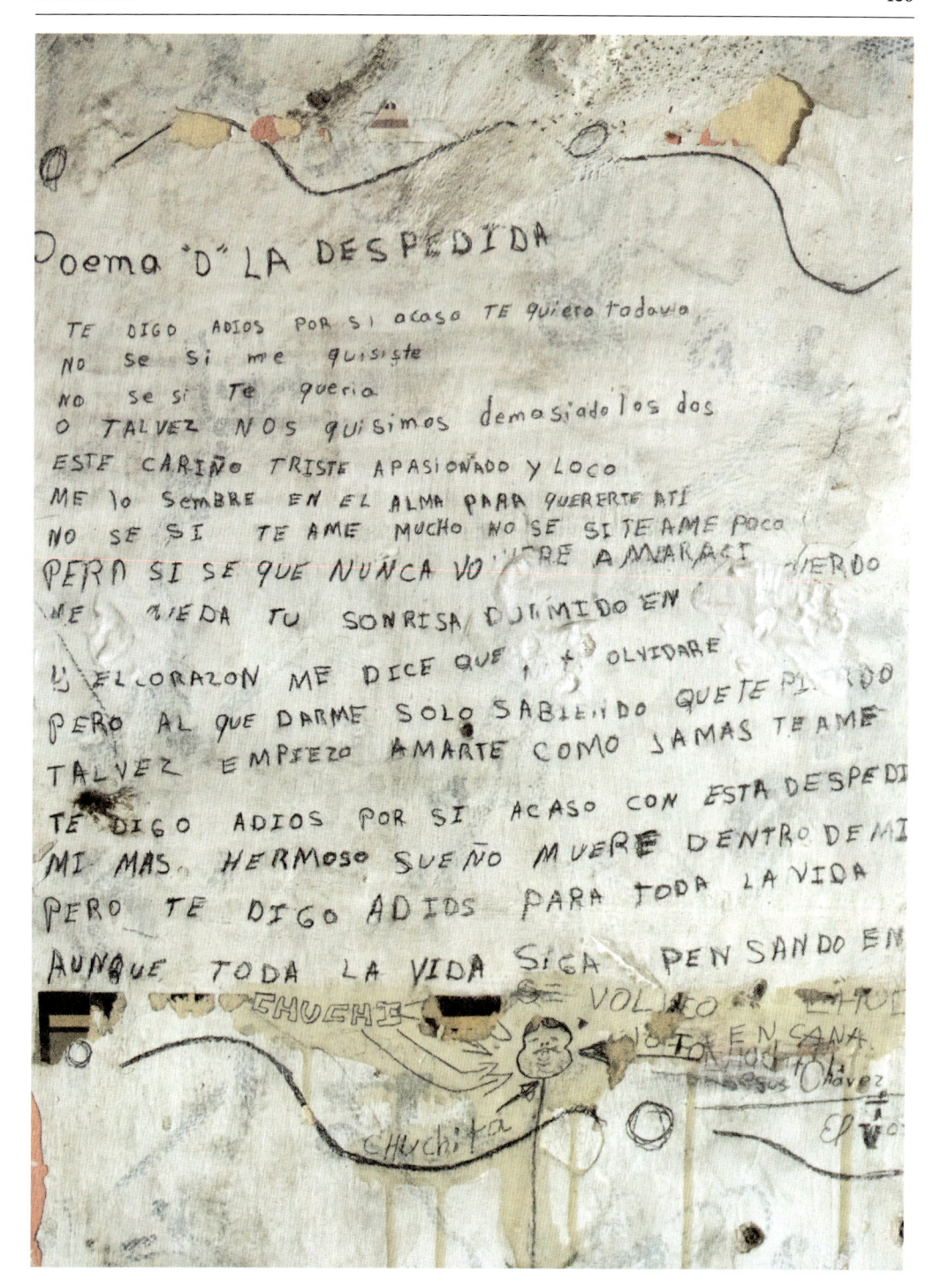

Poema "D" LA DESPEDIDA

TE DIGO ADIOS POR SI acaso TE quiero todavia
NO se si me quisiste
NO se si TE queria
O TALVEZ NOS quisimos demasiado los dos
ESTE CARIÑO TRISTE APASIONADO Y LOCO
ME lo Sembre EN EL ALMA PARA QUERERTE A TI
NO SE SI TE AME MUCHO NO SE SI TE AME POCO
PERO SI SE QUE NUNCA VO'LVERE A MARASI VERDO
ME QUEDA TU SONRISA DORMIDO EN

Y EL CORAZON ME DICE QUE TE OLVIDARE
PERO AL QUE DARME SOLO SABIENDO QUE TE PIERDO
TALVEZ EMPIEZO AMARTE COMO JAMAS TE AME

TE DIGO ADIOS POR SI ACASO CON ESTA DESPEDI
MI MAS HERMOSO SUEÑO MUERE DENTRO DE MI
PERO TE DIGO ADIOS PARA TODA LA VIDA
AUNQUE TODA LA VIDA SIGA PENSANDO EN

TRACES

Silvana Agostoni
HUELLAS

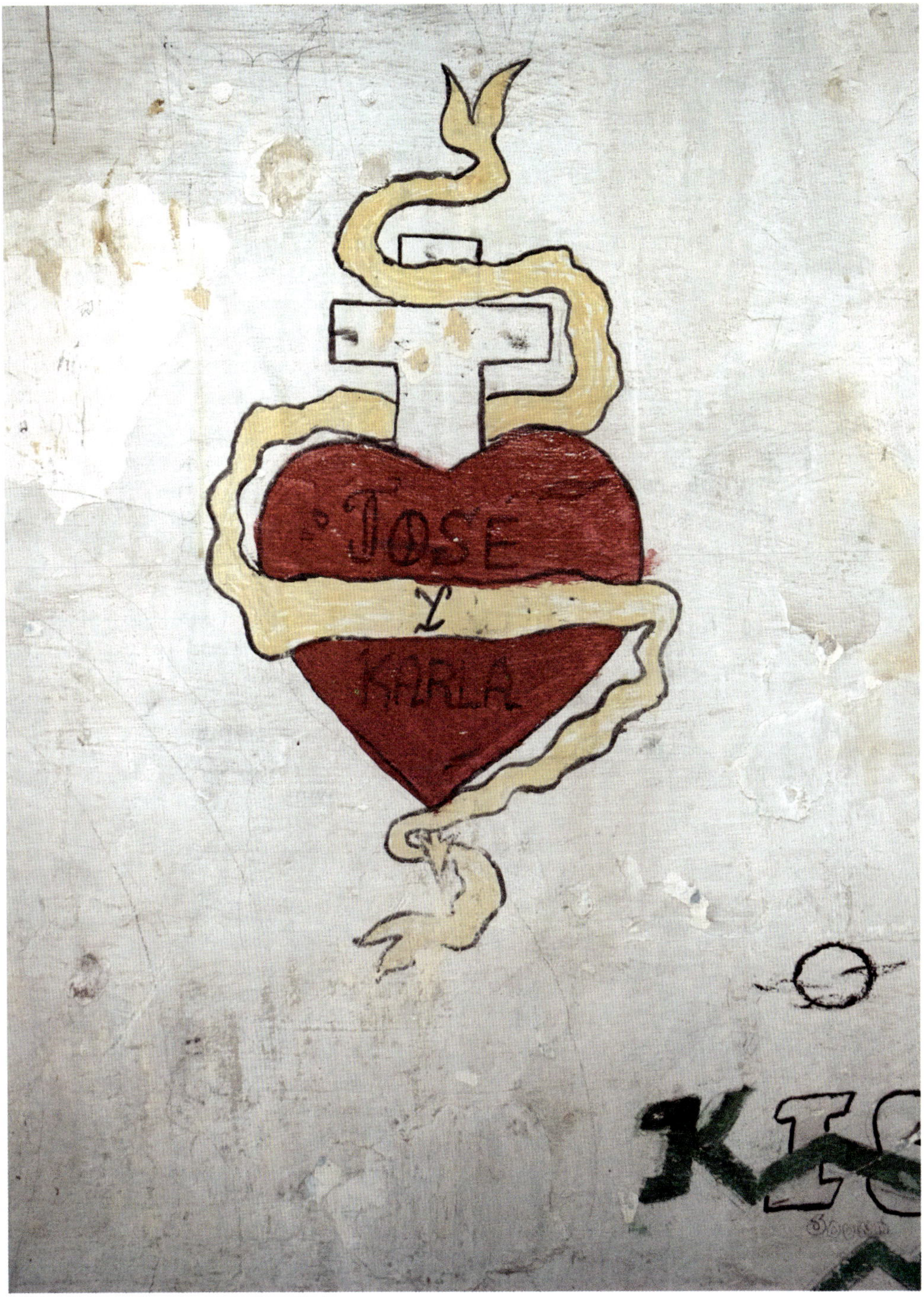
JOSE
Y
KARLA

Andrea Cordero Ramón
CASAS A COLOR

HOUSES BY COLOR

Úrsula Espino Herrero
LA CASA DE LOS MUERTOS

Santiago Cachón † 1978

Fabiana Uribe † 1989

Alejandro Canto † 1973

Elías Falla Martínez † 1969

HOUSING THE DEATH

María Cámara Sosa † 1973

María Magdalena Balam † 1975

Elsa Baz † 1981

Elisa Pérez † 1971

Daniel Yáñez Palma
IMPRONTAS FAMILIARES

SIGNS OF FAMILY

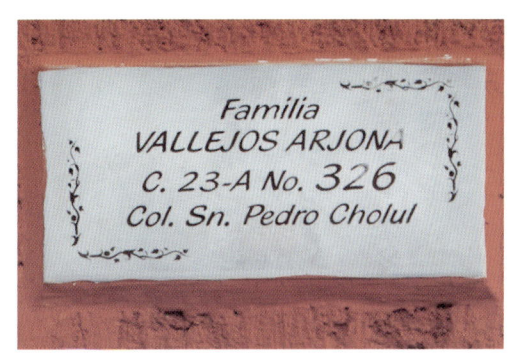

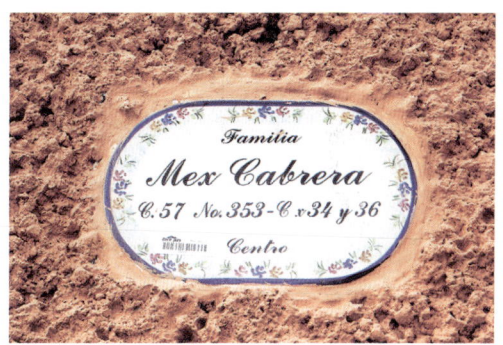

Familia
VALLEJOS ARJONA
C. 23-A No. 326
Col. Sn. Pedro Cholul

Villa Rogre
Familia
Rojas Gregor
C. 23-A No. 171-A x 22 y 20
Fracc. San Pedro Cholul

Familia
Arjona Rosas

Familia
Mex Cabrera
C. 57 No. 353-C x 34 y 36
Centro

Misioneras
Hijas de la Madre
Stma. de la Luz
Calle 66 #487

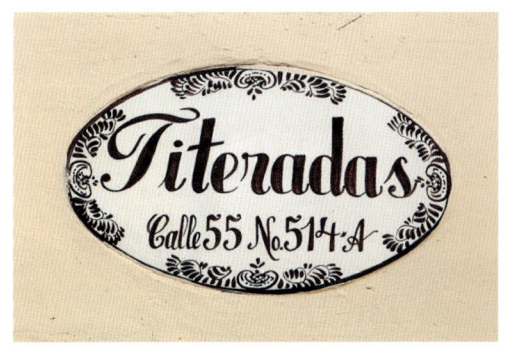

Fam. Gongora Aguayo
Calle 40A N° 490D por 55

Titeradas
Calle 55 No. 514-A

Familia
Manzano García
C. 47 No. 420
x 42 y 44
Centro

Gilberto Hernández
CINCO SIGLOS

FIVE CENTURIES

117

Kevin Galatina Ariel Juanna Talos Veda Renina Ali Eli Casio Premier Ada Loli Viger Mia Lara Zoe Donovan
Doriana Interlude Exenon Juliana Image Prisma Julian Allan Badiane Livier Tany Brayan Naia Kiara Leimer
Wendy Luan Talari Lupo Tanek Odelle Francesca Oriana Pia Gael Walda Egle Allen Thai Sam
Lennox Kimi Eddon Lambert Sal Edith Salsy Abool Tito Alessandro Morgan Sandy Eli Frank
Fiorella Akela Patrick Rinna Jaqueline Fizzio Sakura Percy Lenny Wanda Palmira
Alexander Jenny Rosella Magali Thalia Andre Tweyna Jai Eleonora Thiago Belinda Melanie
Marcelino Evangelina Florentina Elvira Casimiro Maddona Penelope Taryus Jacinto
Barbara Samuel Eliseo Felicidad Gernan Susana Carmen Isabel Constanza Pilar
Felipe Carlos Benito Elias Felix Mercedes Franco Gonzalo Eugenia Facundo
Celestino Gloria Alberto Rodrigo Daniela Arturo Mario Leandro Genaro Constantino
Victoriano Natalia Gabriel Federico Sergio Venustiano Jose Carolina Alba
Andres Liliana Manuel Silvia Julio Cartola Sofia Roberto
Fernando Julian Blanca Cristina Vicente Eduardo Fabiola Raul
Javier Ana Luisa Maximiliano Aida Gisela Angelica
Antonio Martha Victor Bonifacio Jaime Hernan Teodoro Paulina
Bernardo Fermin Margarita Tabian Adriana Noé
Pedro Alejandro Rosa Teresa Moises Veronica Rosa Genaro
Clemente Mariana Celestino Fable Orlando Maria
Joaquin Gonzalo Margarito Leopoldo Alicia
Hector Isidro Gregorio Valentin Emiliano Ramiro
Beatriz Joselina Gillerto Lazaro Panfila
Edmundo Faustino Candelaria Imelda
Quetzalli Cuauhtemoc Cipactli Aahui
Acamapichtli Mazatzin Citlalli
Painalli Teotl Atlanxochitl
Maxochitl Axayacatl
Aquetzalli Ocelotl Papalotl
Mazacoatl Mixcoatl
Yolotzin Nezahualcoyotl
Popocatepetl Alzin
Teopall Aquetzalli
Iztlacihuatl
Mixtli

Judith González Ham
UNA ODISEA FAMILIAR

118

A FAMILY ODYSSEY

• padre | dad
• madre | mom

1776 Zaragoza, España La familia Blancas emigra a México y compran la Hacienda San Telmo donde producen pulque, una bebida que proviene del maguey. | *Zaragoza, Spain Blancas Family emigrates to Mexico and buys the Hacienda San Telmo where they produce pulque, a beverage that comes from maguey.*

1910 – 1920 Cantón, China Estalla la Revolución y se disuelven las familias con influencia. Mi abuelo escapa a Reino Unido y sobrevive por su educación culinaria trabajando como chef para la Eagle Oil Company. | *Canton, China The Revolution begins and the important families are broken. My grandfather escapes to United Kingdom and survives due to his culinary knowledge as chef of the Eagle Oil Company.*

1910 – 1920 México Estalla la Revolución Mexicana, la Hacienda San Telmo es reducida a la mitad del territorio y el tiempo transcurre entre recetas de cocina inventadas y atesoradas por su buen sabor, negocios y clases de música. | *Mexico Mexican Revolution begins, Hacienda San Telmo is reduced to half its territory and time passes through invented recipies that are treasured for their great taste business and music lessons.*

1920´s Inglaterra Los dueños de la Eagle Oil Company deciden explotar nuevos pozos petroleros en Venezuela y México. Le ofrecen a mi abuelo trabajar para ellos en cualquiera de los dos países, elige Venezuela. Por una tormenta, el barco hace una parada de emergencia en Veracruz, lugar que hace que mi abuelo decida quedarse. | *England The owners of Eagle Oil Company decide to operate new oil wells in Venezuela and Mexico. They offer my grandfather the opportunity to work for them in any of such countries. He chooses Venezuela. Due to a storm, the ship has to make a stop at Veracruz, where my grandfather decides to stay.*

1950 – 1960 Mexico Decidido a dejar el campo, mi abuelo paterno trabaja de día y estudia de noche para convertirse en médico. Eventualmente llegaría a ser presidente municipal de 1960 a 1963. Un 14 de Febrero, conoce a mi abuela, de 19 años y se enamora de ella. | *Mexico My grandfather on my father's side, decided to abandon life in the country, studies at night and works all day to become a doctor. He will eventually become local president from 1960 to 1963. He meets my 19 years old grandmother on a February 14th and falls in love with her.*

1940 – 1950 Veracruz, México Mi bisabuela materna decide divorciarse de su esposo y aconseja casarse con un extranjero para que tenga mejor suerte. Administra su propio rancho y elaboran los mejores quesos de la región. Un día, llega mi abuelo a abastecer su comedor y a mi abuela le parece buen partido. | *Veracruz, Mexico My great grandmother on the side of my mother decides to get divorced and advises to marry a foreign man to be lucky. She runs her own ranch and makes the best cheese of that region. One day, my grandfather arrives to supply his dining hall, and my grandmother thinks he is quite a catch.*

1970 – 1980 Ciudad de México, México En la escuela de medicina, mi padre ve por primera vez a mi madre y sabe que con ella se casará. | *Mexico City, Mexico At the school of medicine, my father meets my mother for the first time. He knows she is the one he will marry.*

1984 – 1985 Ciudad de México, México Mi hermano nace y once meses después, veo la luz por primera vez. Celebran con mariachis por ser la única niña en la familia paterna. | *Mexico City, Mexico My brother is born, and eleven months after, I see the light of day for the first time. They celebrate with mariachi that I am the only girl in my father's family.*

Arturo Guillén
QUERIDA MAMÁ

Isidro Castorena Alvares

Una amiga con la que siempre podré contar...
She is a friend I can always rely on...

Leonardo Rello Nuñez

Todo lo que soy y puedo llegar a ser, se lo debo a mi madre.
I owe my mother everything I am and I can become.

Salvador Medina Armienta

Siempre he pensado que ella es el pegamento que mantiene a la familia unida, que no seríamos lo mismo sin ella. Es difícil resumir todo lo que significa pero es que es difícil explicar el amor de una madre. | *I have always thought that she is the glue sticking the family together, that our family would not be the same without her. It is difficult to summarize what she means to me, but it is difficult to explain the love of a mother.*

Jorge Salcido Toldedo

Para mí, mi madre es lo más grande que existe en el planeta, mi dadora de vida, mi ejemplo a seguir en infinidad de cosas, una mujer ejemplar y una profesional entregada con el alma y con todo su amor a su trabajo, o sea "a los niños". Es la madre que cualquiera querría tener y que tengo gracias a Dios. | *To me, my mother is the greatest thing on Earth. She is the one who gave me life. She is a model to me in many aspects. She is exemplary and a professional dedicated in soul and love to her job i.e. "the children". She is the mother anyone would dream of, and I thank God I have her.*

DEAR MOM

Omar Moreno

Mi madre es la sonrisa más sincera que ilumina mi alma día a día sin siquiera mirarla. | *My mother is the most honest smile that illuminates my soul day after day without having to look at her.*

Jandro

Mi madre es vida. | *My mother is life.*

David Gonzalez Rivas

¿Qué significa mi madre para mí? ¡Qué difícil! Pues parte que es mi jefesita santa, aparte que ella y mi padre son las unicas personas que admiro. | *What does my mother mean to me? It is very difficult! Well firstly she is my "jefesita santa", secondly she and my father are the only people I look up to.*

Arturo Guillén

Lo que más echo de menos de mi madre es su fuerza, es una mujer fuerte; siempre podía contar con ella. | *What I miss most from my mother is her strength, she's such a strong woman; I always could rely on her.*

Diego Padilla, Karina Sada, Alejandra Muñoz
VIDA FAMILIAR

Karina (a)
Alejandra (b)
Diego (c)

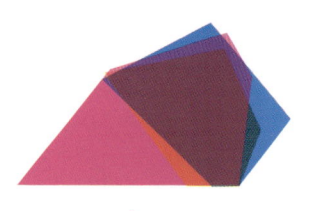

1a Architect
1b Architect
1c Business

2a Administration
2b Architect
2c Corporate Attorney

3a N/A
3b Administration
3c Corporate Attorney

4a Business
4b Apple Producer
4c Civil Attorney

5a Business
5b Chemist
5c Elderly Caretaker

6a Chef
6b Chemist
6c Human Resource Executive

7a Civil Engineer
7b Chemical Engineer
7c House Wife

8a N/A
8b Engineer
8c Business Owner

9a Entrepeneur
9b Graphic Designer
9c Notary Public Clerk

10a Engineer
10b Gynecologist
10c Real Estate

11a Engineer
11b School Teacher
11c Small Business Owner

FAMILY LIFE

123

12a House Wife
12b School Teacher
12c Skilled Laborer

13a N/A
13b Marketing
13c Skilled Laborer

14a House Wife
14b Marketing
14c Skilled Laborer

15a House Wife
15b System Programmer
15c Skilled Laborer

16a House Wife
16b Systems Engineer
16c Skilled Laborer

17a House Wife
17b Trade
17c Skilled Laborer

18a N/A
18b Trade
18c Small Business Owner

19a Industrial Design
19b Public Relations
19c Univeristy Professor

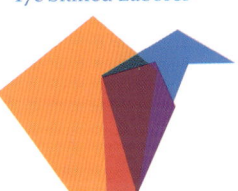

20a Oil Company
20b Graphic Designer
20c Veterinarian

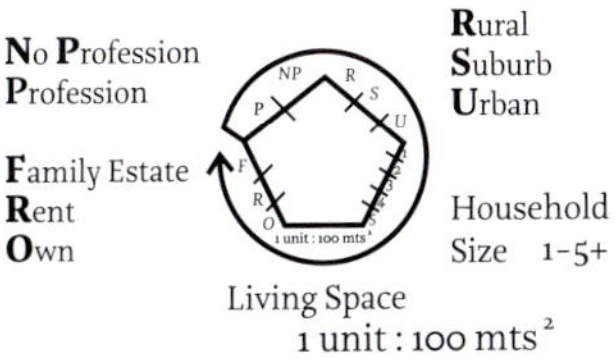

No **P**rofession
Profession
Family Estate
Rent
Own

Rural
Suburb
Urban

Household Size 1-5+

Living Space
1 unit : 100 mts²

Estas infografías son el resultado de una encuesta de cinco preguntas, llevada a cabo por Karina, Alejandra y Diego, a veinte parientes.

These graphics are the result of a survey of five questions, conducted by Karina, Alejandra and Diego, to twenty relatives.

Marco Muñoz, Arturo Guillen, Nirvana Paz, Javier Campuzano
VIVIENDO...
124

El Petit Cható; Omar, Mitialona (perra), Yo (Arturo Guillen) | *The Petit Cható; Omar, Mitialona (dog), Me (Arturo Guillen)*

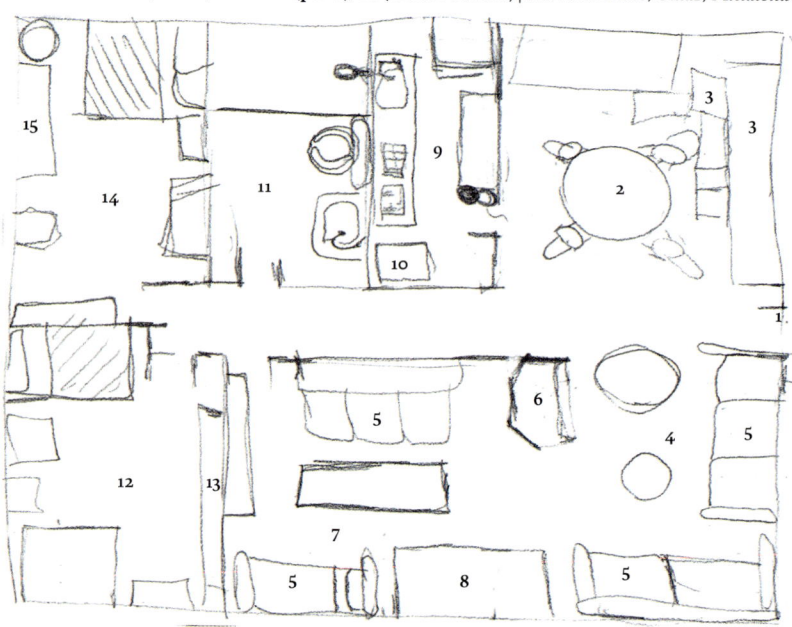

1. Entrada
   Entrance
2. Comedor / alacena
   Dining room / pantry
3. Librero
   Bookcase
4. Sala 1 con 2 mesas
   Living room 1 with 2 tables
5. Cama invitados
   Bed for guests
6. Televisión
   Television
7. Sala 2
   Living room 2
8. Escritorio que nadie usa
   Desk that nobody uses
9. Cocina
   Kitchen
10. El refrigerador más chico del mundo
    The smallest refrigerator in the world
11. Baño
    Bathroom
12. Cuarto de Omar
    Omar's room
13. Clóset de Omar
    Omar's closet
14. Mi cuarto
    My bedroom
15. Mi ropero
    My closet

Departamento de Marco Muñoz | *Apartment Marco Muñoz*

1. Entrada
   Entrance
2. Televisión
   Television
3. "Majo"
   "Majo"
4. Libros
   Books
5. Computadora
   Computer
6. Papá
   Dad
7. Cocina
   Kitchen
8. Comida
   Food
9. Baño
   Bathroon
10. "Petite"
    "Petite"

LIVING...

Departamento de Nirvana Paz | Apartment Nirvana Paz

1. Entrada principal / *Main entrance*
2. Pasillo / *Corridor*
3. Sala / zona trabajo / *Living room / working area*
4. Comedor / *Dining room*
5. Habitación Mario Nirvana / *Bedroom Mario Nirvana*
6. Habitación Roomi / *Bedroom Roomi*
7. Terraza / *Terrace*
8. Baño / *Bathroom*
9. Medio baño / *Half a bathroom*
10. Cocina / *Kitchen*
11. Patio / taller / *Courtyard / workshop*
12. Clóset y visitas / *Closet and guests*
13. "Kirikou" / *"Kirikou"*
14. "Cous Cous" / *"Cous Cous"*

'Mi casita de Carton', Javier Campuzano | *'My cartboard house', Javier Campuzano*

Planta baja | *Ground floor*
Primer piso | *First floor*

Sala / *Sala*
Comedor cocina / *Dining kitchen*
Soteguela / *Translation*
Mi cuarto / *My room*
Baño / *Bathroom*

1. Entrada / *Entrance*
2. Cama / *Bed*
3. Televisión / *Television*
4. Escaleras / *Staircase*
5. Sala / *Living room*
6. Librero / *Bookcase*
7. Lavadora / *Washing machine*
8. Estufa / *Stove*
9. Computadora / *Computer*
10. Lavabo / *Sink*
11. Comedor / *Dining room*
12. Cuarto de mamá y hermano / *Room of my mother and brother*

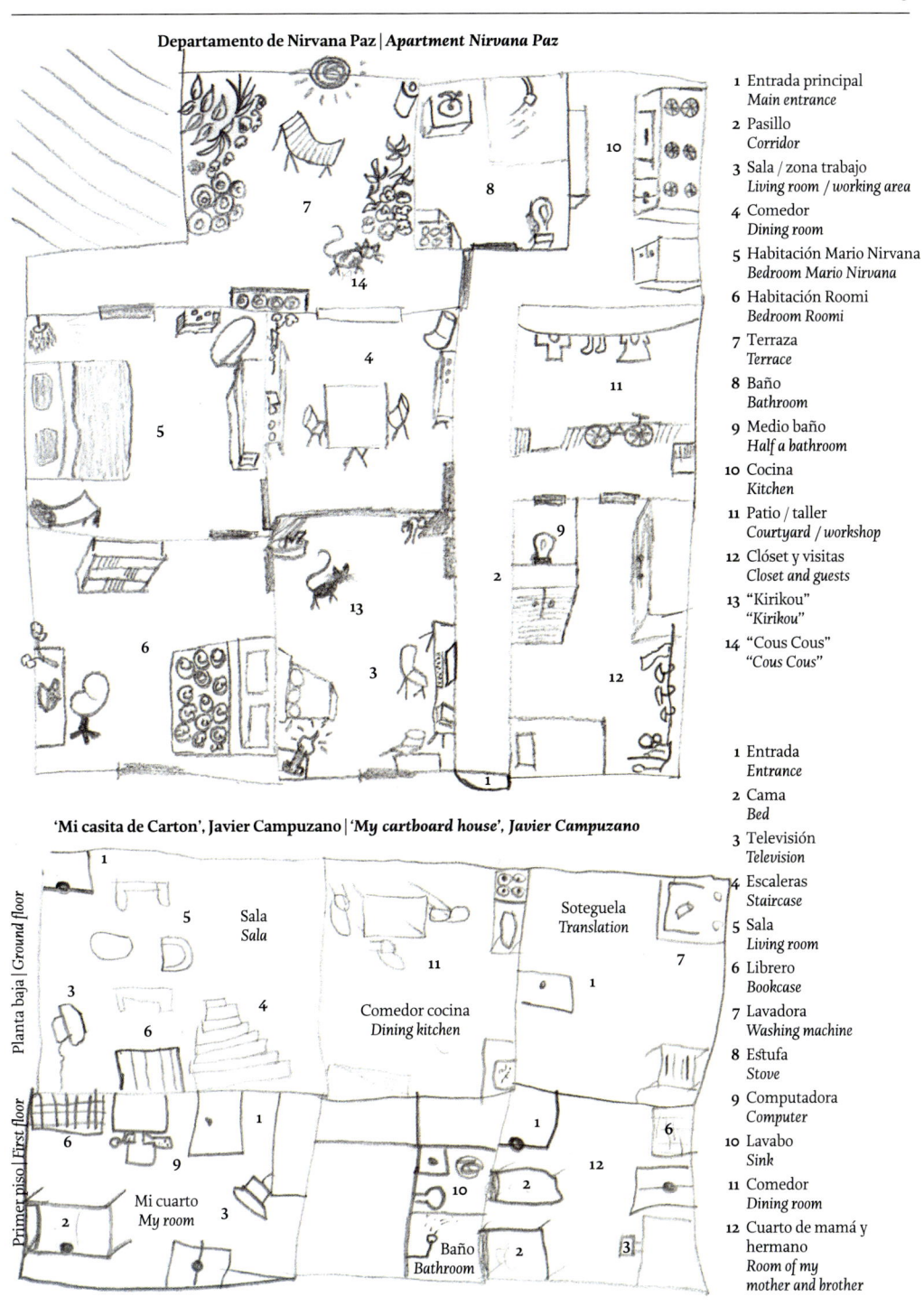

Ruth Fuentes Sansores
A-SAL-ARIADOS

Irene Estrada, student | Jorge Estrada, chemist | Gustavo Marquez, student | Toño Reyes, graduate | Manuel Calderón, accountant | Sufi Campes, teacher | Josefina Lopez, housewife | Gerardo Torrade, cashier | Martha Sandoval, supervisor | Sonia Sosa, dentist | Luis Ortega, groser | Iván Ortiz, nurse | Juan Manzanilla, unemployed | Diego Romero, smith

UNDER-SAL-ARIED

Rosa Quiroz, cashier | Gaby Hrdz., assistant manager | Javier Saldaña, technician | Moni Shanchez, nurse | David Jimenez, mechanic | Lupita Alvarade, cook | Beti Paredes, domestic servant | Aline Mendoza, saleswoman | Antonia García, stylist | Franco Ortiz Carillo | Martha Epsadas, lawyer | Martha Núñez, brakewoman | Raymundo Garcia, doorman | Francisco Dzul, tradesman | Adolfo Puc, manager

Christian Cañibe
POLIGRAFÍAS

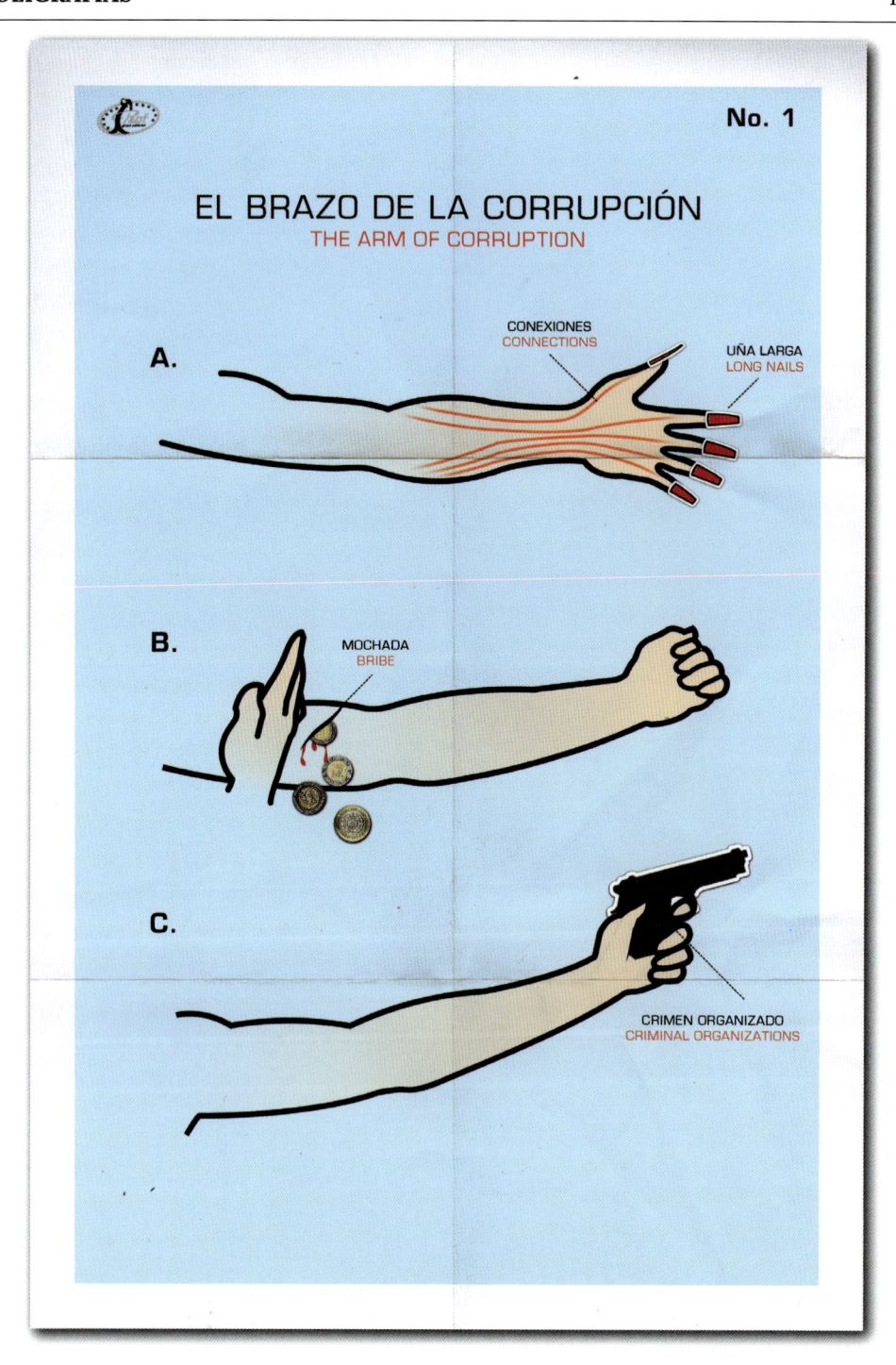

POLIGRAPHS

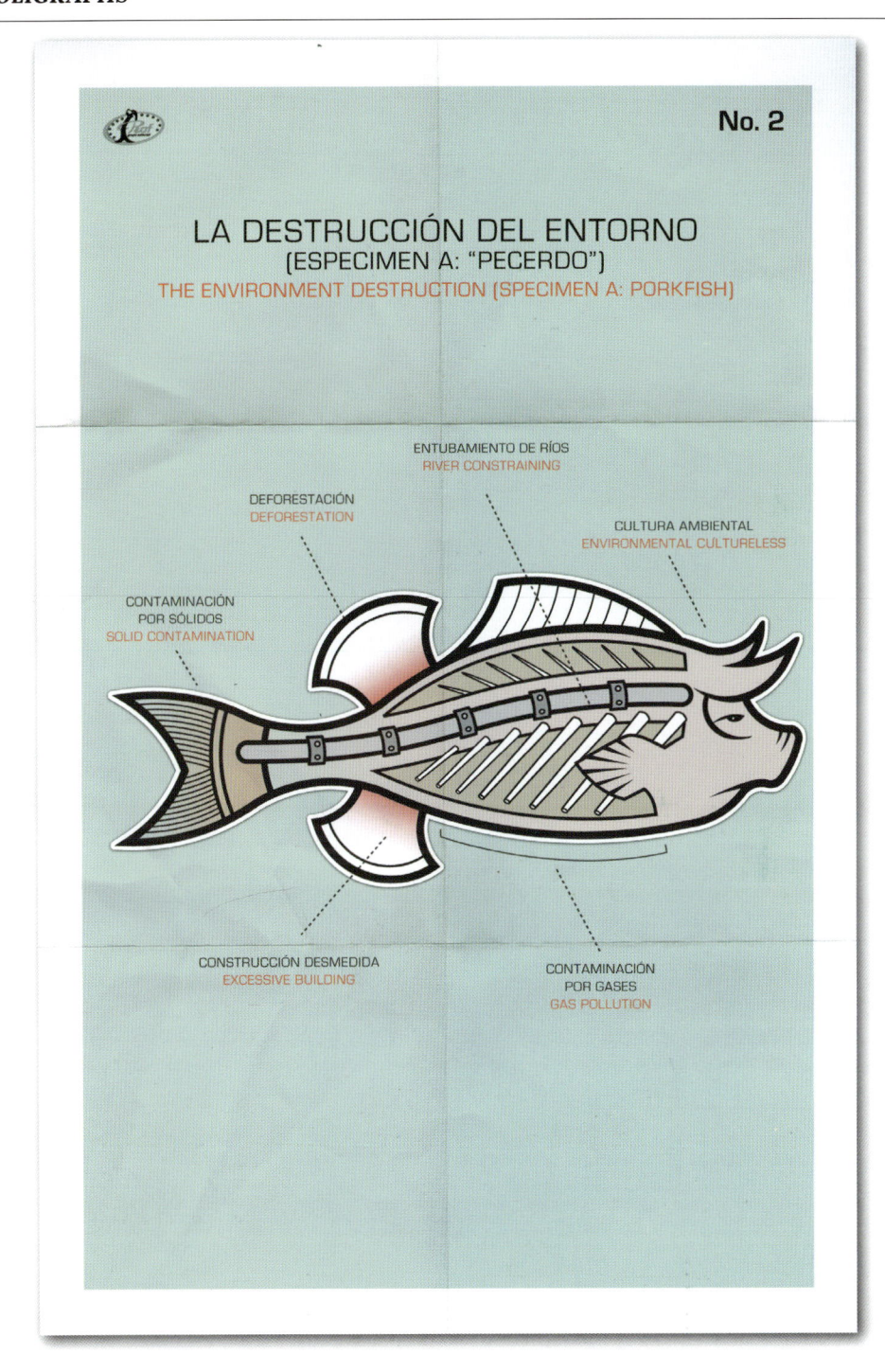

No. 2

LA DESTRUCCIÓN DEL ENTORNO
(ESPECIMEN A: "PECERDO")
THE ENVIRONMENT DESTRUCTION (SPECIMEN A: PORKFISH)

ENTUBAMIENTO DE RÍOS
RIVER CONSTRAINING

DEFORESTACIÓN
DEFORESTATION

CULTURA AMBIENTAL
ENVIRONMENTAL CULTURELESS

CONTAMINACIÓN POR SÓLIDOS
SOLID CONTAMINATION

CONSTRUCCIÓN DESMEDIDA
EXCESSIVE BUILDING

CONTAMINACIÓN POR GASES
GAS POLLUTION

Christian Cañibe
POLIGRAFÍAS

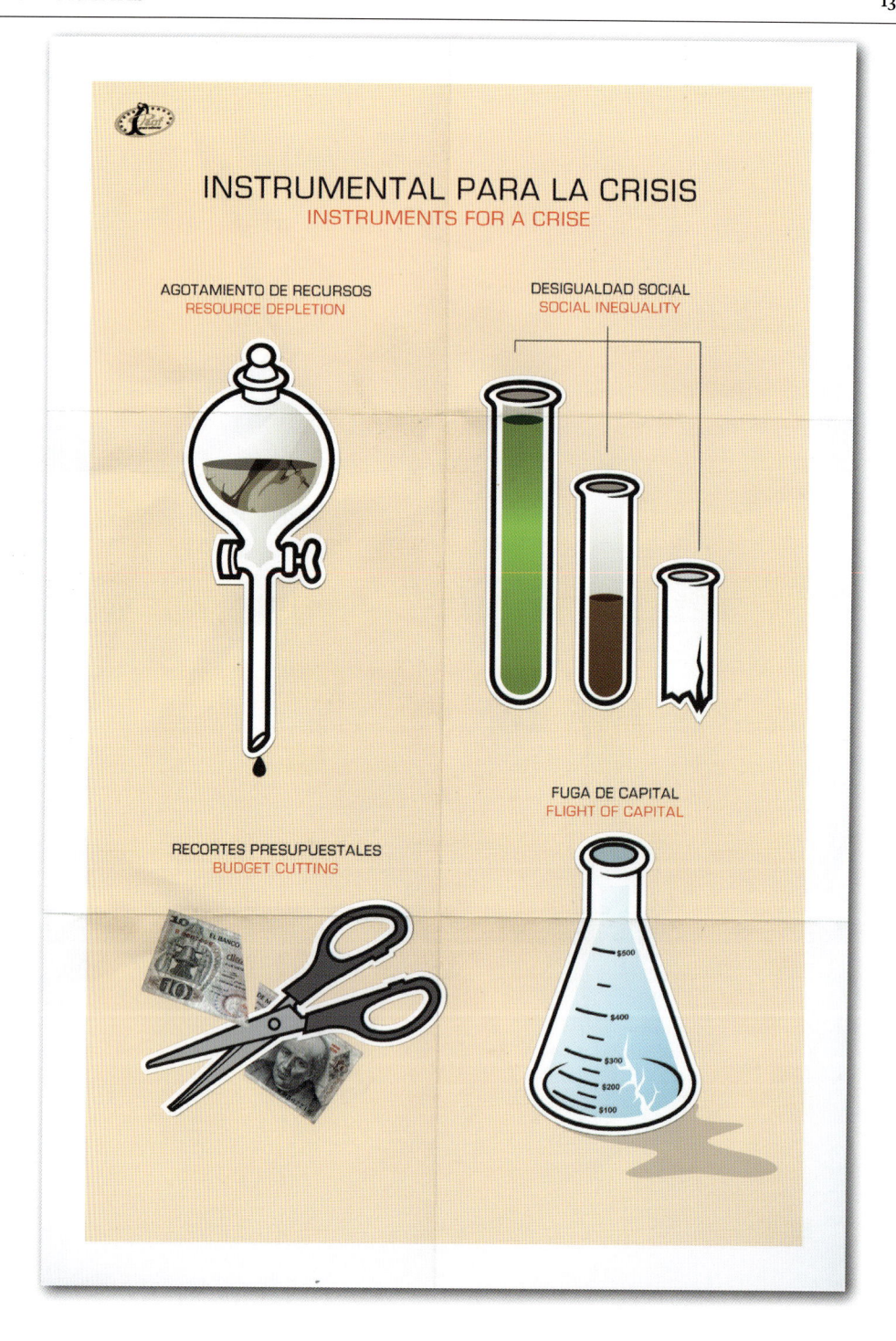

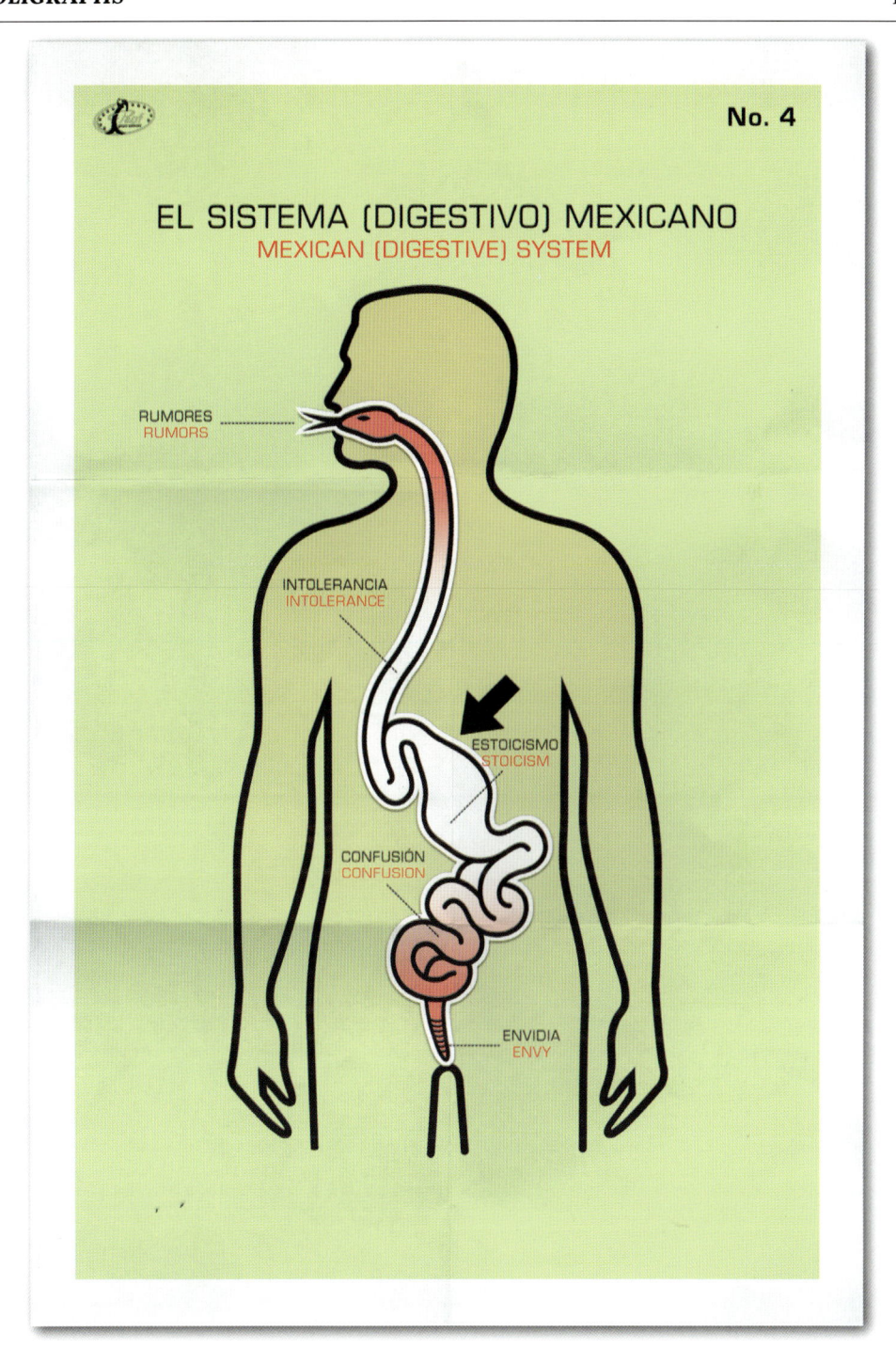

EL SISTEMA (DIGESTIVO) MEXICANO
MEXICAN (DIGESTIVE) SYSTEM

No. 4

- RUMORES / RUMORS
- INTOLERANCIA / INTOLERANCE
- ESTOICISMO / STOICISM
- CONFUSIÓN / CONFUSION
- ENVIDIA / ENVY

Julio Villavicencio
ASPIRACIONES

Raul Chofer
43 Años
Queria jugar futbol

Raul Driver
43 years old
He wanted to Play football

Lalo Ex trabajador
52 Años
Quiere dejar el trago

Lalo Ex-worker
He wanted to quit Drinking

AMBITIONS 133

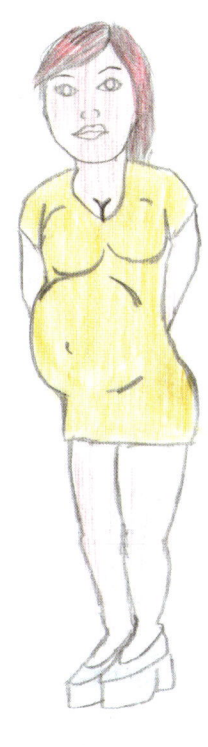

Kendra Bailarina Exotica
22 Años
Quiere ser máma

Kendra Exotic dancer
22 years old
She wants to be mom

Doña Guille
Vende memelas
63 Años
Queria ir a la Escuela

Doña Guille sells memelas
63 yars old
She wanted to go to the school

Julio Villavicencio
ASPIRACIONES

Ana Abogada
29 Años
Quería estudiar otra cosa

Ana Lawyer
29 years old
She wanted to study something else

Juan vive con sus Papas
19 años
Quiere ser un Cabron
Con un chingo de lana
y Pistolas

Juan lives with his Parents
19 years old
He want to be an asshole
with a lot of money and guns

AMBITIONS

135

Georgina Estudiante
23. Años
Quiere bailar Salsa

Georgina
23. years old
She wants to dance Salsa

Prometeo Carpintero
44 años
Queria ser doctor

Prometeo Carpenter
44 years old
He wanted to be a doctor

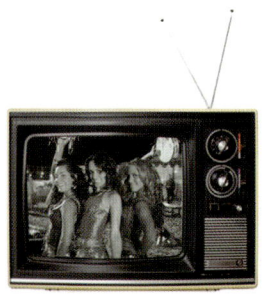

Citlali Fabián Bautista
TELENOVELAS EN UN DÍA NORMAL

11:30 María Isabel

13:00 Perro amor

14:00 Gitanas

16:00 La rosa de Guadelupe

17:00 Para volver a amar

18:00 Teresa

12:00 Se busca un hombre

14:15 Quiéreme tonto

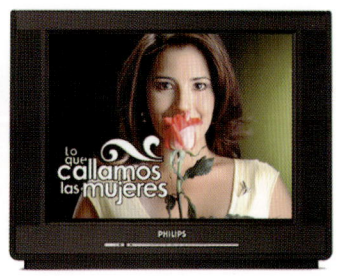

14:00 Lo que callamos las mujeres

SOAP OPERAS ON A REGULAR DAY

16:00 Mujer casos de la vida real 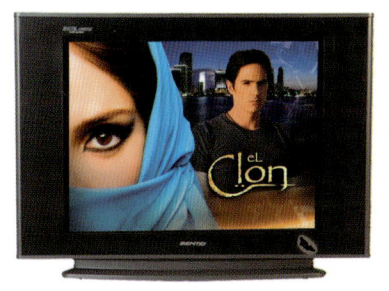   22:30 El clon    23:30 Decisiones de mujeres

19:00 Cuando me enamoro    20:00 Llena de amor    21:00 Soy tu dueña

19:15 A cada quien su santo    20:30 Vidas robadas 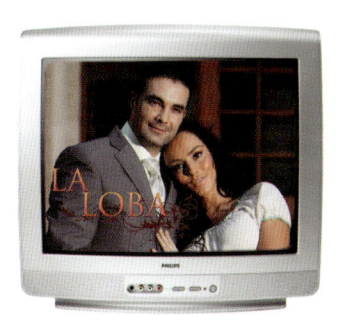   21:30 La loba

José Luis Cuevas
EL HOMBRE PROMEDIO

AVERAGE MAN

José Luis Cuevas
EL HOMBRE PROMEDIO

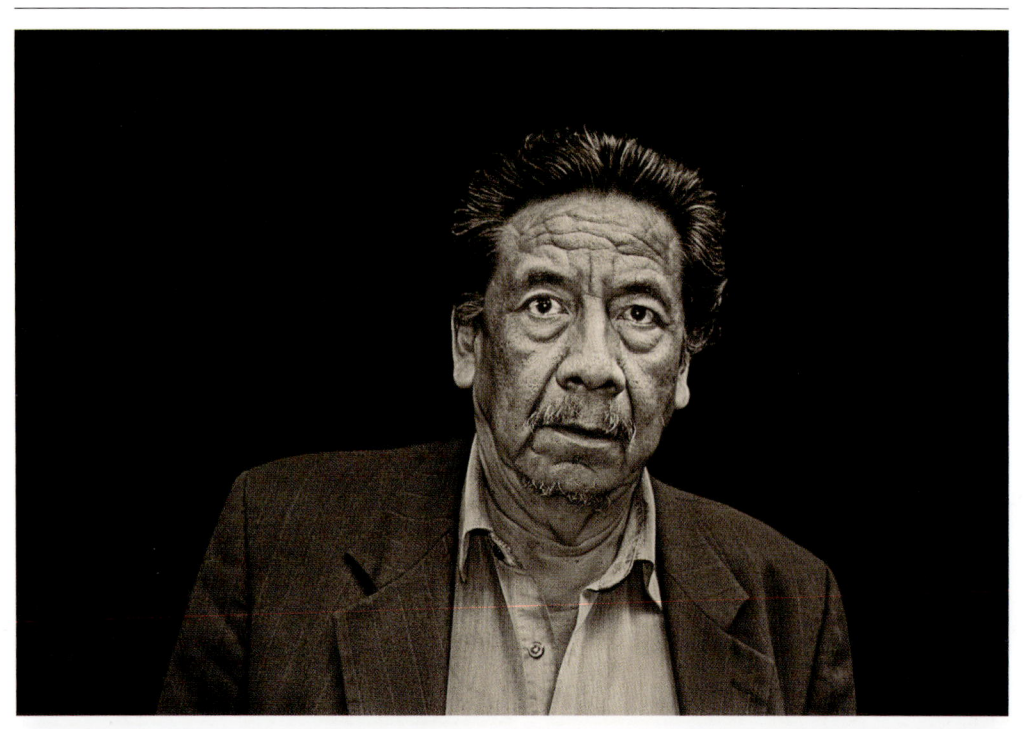

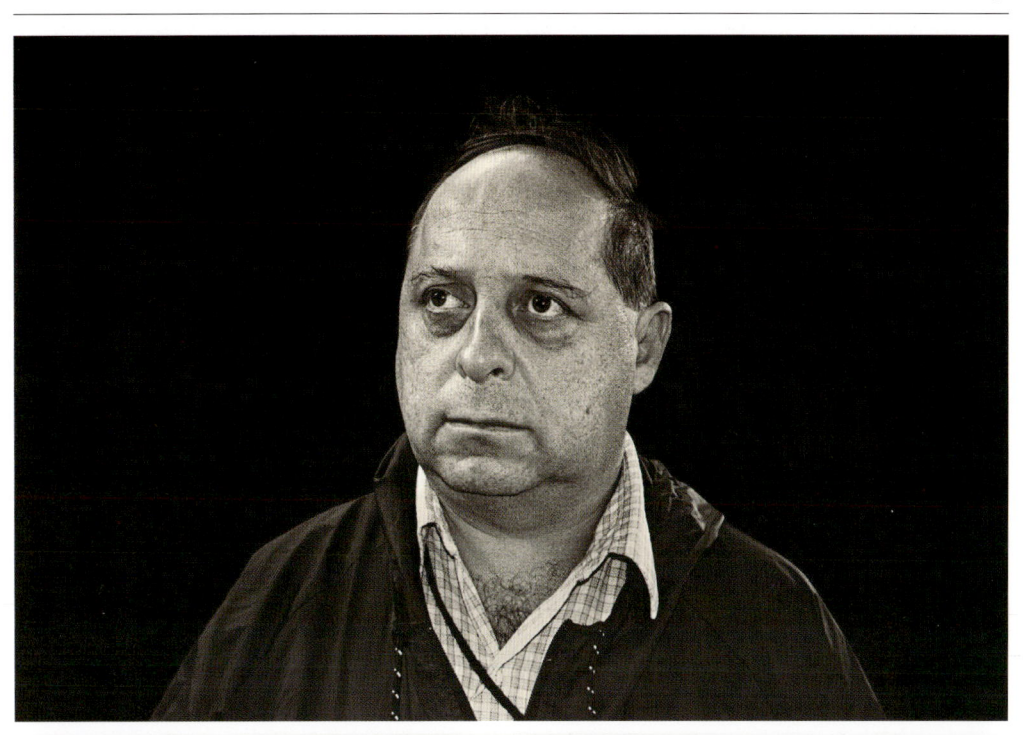

AVARAGE MAN

José Luis Cuevas
EL HOMBRE PROMEDIO

AVARAGE MAN

Aldo Vázquez Yela
NUESTRA CASA

OUR HOME

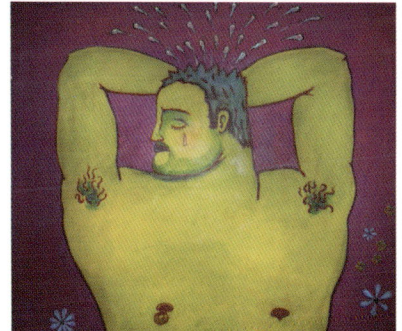

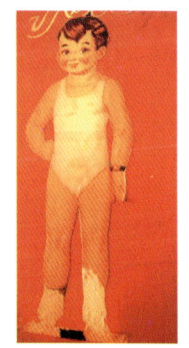

145

Marrakech Salon, República de Cuba 18 , Mexico City

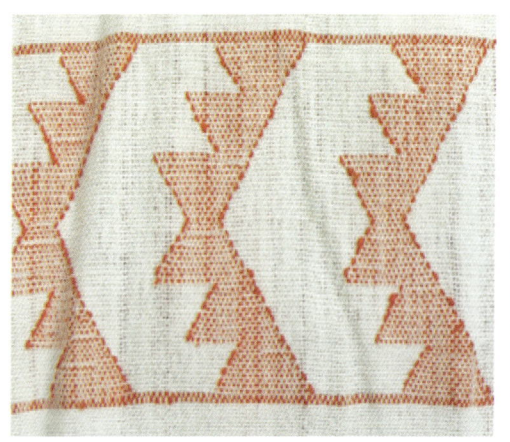

Rocío Chaveste Gutiérrez
AGUJA E HILO

Oaxaca vestido | *dress*

Oaxaca vestido | *dress*

Michoacán falda | *skirt*

Oaxaca vestido | *dress*

Oaxaca vestido | *dress*

Michoacán huipil | *blouse*

NEEDLE AND THREAD

Oaxaca huipil | *blouse*

Campeche huipil | *blouse*

Chiapas huipil | *blouse*

Oaxaca huipil | *blouse*

Oaxaca vestido | *dress*

Chiapas huipil | *blouse*

Pedro Salvador Hernández Ramírez
INSTRUMENTOS PREHISPÁNICOS

148

PRE-HISPANIC INSTRUMENTS 149

Oliver Santana
HUEHUENCHES *

HUEHUENCHES *

Oliver Santana
HUEHUENCHES

HUEHUENCHES

Oliver Santana
HUEHUENCHES

HUEHUENCHES

155

Oliver Santana
HUEHUENCHES

HUEHUENCHES

* El carnaval, por considerarse una fiesta inmoral, fue prohibido por las autoridades a principios del siglo XX. Sin embargo, la tradición urbana de este evento encontró refugio entre las callejuelas y barrios de la ciudad. Un ejemplo de esto son los carnavales de los pueblos de San Juan de Aragón y Zacatenco, ubicados al norte de la Ciudad de México. Para la celebración se forman cuadrillas las cuales se dividen en dos grupos de ocho hombres cada uno, algunos se visten de varones y otros de damas. Al personaje varón se le llama "huehuenche", (vocablo derivado de la voz nahuatl Huehuetzin que significa Viejo). El personaje femenino es conocido popularmente como "la Vieja", hombres disfrazados de mujeres con vestidos de quince años obsequiados, en muchos de los casos, por sus familiares o sus amigas. El carnaval dura 3 días. Las cuadrillas, acompañadas por familiares, gente y una banda musical, bailan recorriendo las calles de sus barrios.

* The carnival was forbidden at the beginning of the twentieth century for being considered an immoral celebration. However the urban tradition of this event was sheltered in the alleys and neighborhoods of the city. An example of this are the carnivals in San Juan de Aragon and Zacatenco, located at the North of the City of Mexico. For the celebration people form groups that are divided into two, each of eight men, some dressed as males and others dressed as females. The male character is called "Huehuenche", (Term from nahuatl Huehuetzin which means Old). The female character is known as "la Viejas". These characters are men dressed as women, with party dresses (from a celebration of 15 years old) that were given to them, in many cases by their relatives or friends. The carnival lasts 3 days. During this time the groups, accompanied by their relatives, people and a musical group, dance around the streets of their neighborhood.

Juan Salvador Santana Martínez
Estás fotografías fueron tomadas el 22 y 24 de febrero 2009

Juan Salvador Santana Martínez
These pictures were taken on February 22 and 24 2009

Livia Radwanski
SALUDOS SONIDEROS *

SONIDEROS SALUTATIONS *   159

Livia Radwanski
SALUDOS SONIDEROS

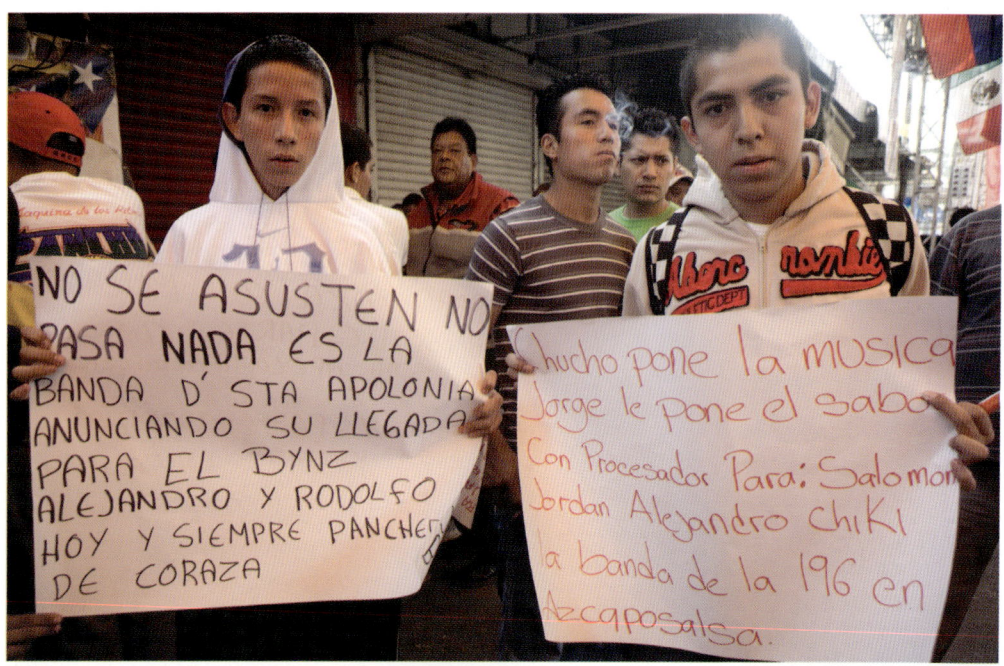

Left: Don't be scared it is nothing, just the gang of Sta. Apolonia announcing its arrival to the bynz. Alejandro and Rodolfo herein and forever with Pancho in the heart.
Right: Chucho plays the music. Jorge gives the feeling. With Processor for: Salomon, Jordan, Alejandro, Chiki. The gang from the 196 in Azcaposalsa.

Hello my people from Walmart Azcapotzalco, my special greetings to those at the meat department today with Pancho for "el Lupillo".

SONIDEROS SALUTATIONS

We come from Azcapotzalco to Tepito. We are here with the "sonamiento" and are reporting for those from el ranchito up to Sta. Apolonia. Att. "el Mudo" and "el Calusha"

For U.D.G. "ese Chivo" and his father "El chorej@s". From Ixtapaluca Edo. México

Livia Radwanski
SALUDOS SONIDEROS

Through time and history just the greatness of a race lasts per centuries. For the love I feel for my race and my organzation "Sonido Condor". Cachorras, Toluca, Palmillas. Manuel, Miguel, Rene, Ismael. Barrio Humilde.

He is neither a wrestler, nor a boxer. He is my godfather sending his greetings to his beloved Org. Pequeños Aztecas. For: Chicharo, Ivan, La Dulce, El Vic, El Carnes, La Gordis, El Felipe, El Negro, El Loco, El Castolo, and La La La CHanguita All the super drunk organization from San Lorenzo Tlacotepec today with the sound.

SONIDEROS SALUTATIONS

* "No soy de acá, pero aca me gustar estar... Desde el continente al sur hasta los rincones más remotos de esta ciudad bestia... Siempre siguiendo la música y la pasión por la movida... que nos hacen mover apasionadamente los botes y botitos..."

En los barrios populares mexicanos, donde la pobreza es el factor común, las fiestas no se hacen en grandes salones, sino en la calle, donde la raza comparte alegrías y frustraciones mientras la música suena a todo volumen para que en kilómetros a la redonda todos se enteren que la banda está celebrando. Como en todo barrio hay territorios y bandas que los dominan, los Sonideros ponen su música y en cada pieza mandan el saludo a los "amos" del lugar. Asimismo, todos aquellos que comparten la fiesta, sean del barrio o "colados" de otras colonias, mandan mensajes a familiares y conocidos a través de los Sonideros. Los mensajes son una parte importantísima formando una nueva red de comunicación. Grabados en un CD al final de la 'tocada', los saludos viajan distancias, son compartidos, y guardados como recuerdos. Expresan de lo más banal a lo más personal. Aunque podrían describirse como DJ's con mezclas latinas, los Sonideros tienen características particulares que han desarrollado por más de tres décadas. En estos años pasaron de tocar con tres o cuatro bocinas colgadas en los postes de luz, a mover enormes equipos de sonido y ser punto de referencia en la industria musical.

Sonido Destructor, Junio 2009

* "I am not from here, but here is where I like to be... From the mainland in the south to the far corners of this beastly city... Always following the music and the passion for the move... that make us passionately shift our boots..."

In the Mexican popular neighborhoods, where poverty is a common element, parties are not celebrated in big saloons, but on the street, where the "raza" shares joy and sorrow while the music is going loud so that everybody around knows that "la banda" is celebrating. As in every neighborhood there are territories and bands that rule, the Sonideros play their music and in every song they send their greetings to the "masters" of the place. As well, all of the people at the party, whether they are locals or "colados" (those who were not invited but are at the party) from other neighborhoods, send their messages to relatives and friends through the Sonideros. The messages are a very important part of this net of communication. The greetings, recorded at the end of "la tocada" (the party) in a CD, travel long distances, are shared and express from the most trivial feelings to the most personal ones and are treasured as souvenirs. Though the Sonideros could be described as DJ's with Latin mixes, they have particular characteristics that have been developed for more than three decades in which they came from playing with three or four speakers hanging from the lamp posts, to move huge sound equipment and be reference for the music industry.

Sonido Destructor, June 2009

Carlo Rodrigo Canto Ávila
LA OTRA BANDERA MEXICANA

Hasta en las mejores familias | *Even to the best of us*
Rodrigo Quiñones Reyes

Conquista | *Conquest*
Cristian Canto Ávila

Batalla para la libertad | *Battle for freedom*
Carlo Canto Ávila

Irak en México | *Iraq in México*
Vicente Razo Botey

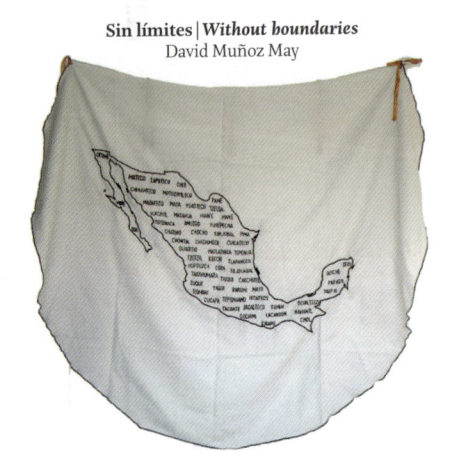

Sin límites | *Without boundaries*
David Muñoz May

Creación de valores | *Creation of values*
Robertinho Barbosa Ferreira

THE OTHER MEXICAN FLAG

EZLN
Araceli González Belém

Diversidad de posibilidades | *Variety of possibilities*
Gabriel Quintal Larrocha

Divisiones invisibles | *Invisible divisions*
Katie Usher Pérez

BANDERAS ALTERNATIVAS DE MÉXICO

MXHGC
Christian Cañibe

México como se ve en la tele | *Mexico as seen on tv*
Héctor Flores

México, áreas verdes, paz, violencia | *México, green areas, peace, violence* Wilma Anahí Monforte Chan

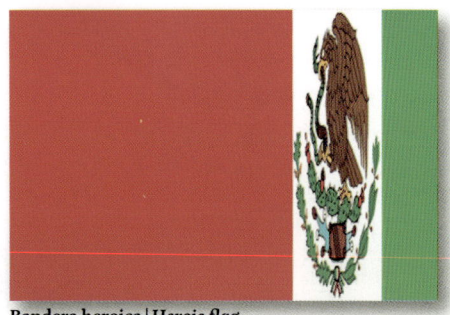

Bandera heroica | *Heroic flag*
Marco Muñoz

Enjaulado | *Caged*
Citlali Fabián Bautista

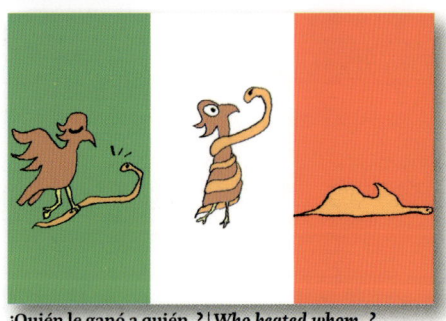

¿Quién le ganó a quién..? | *Who beated whom..?*
Úrsula Espino Herrero

Estados Unidos del Centro America | *United States of Central America* Enrique López Navarrete

Mexifornia
Christian Cañibe

ALTERNATIVE FLAGS FOR MEXICO

El nopal ¡Lotería! | *El nopal. Lotery!*
Wilma Anahí Monforte Chan

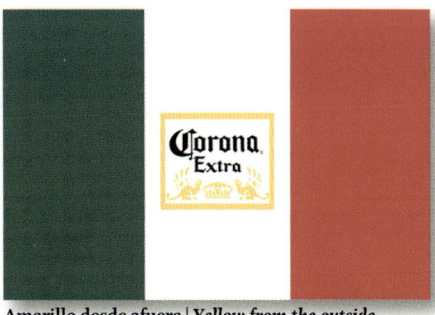

Amarillo desde afuera | *Yellow from the outside*
María Rivero

Fútbol | *Soccer*
Gilberto Hérnandez

Días de muertos | *Days of death*
Nirvana Paz

Tiro al blanco | *Target shooting*
Nirvana Paz

Amarillo desde afuera | *Yellow from the outside*
María Rivero

Jugoso | *Juicy*
Judith González Ham

Unidos Estados Mexicanos Emocionales | *United Emotional Mexican States* Judith González Ham

BANDERAS ALTERNATIVAS DE MÉXICO

Radioactivo | *Radioactive*
Nirvana Paz

Inflamable | *Flammable*
Nirvana Paz

Huichobandera | *Huichoflag*
Christian Cañibe

Caleidoscopio | *Kaleidoscope*
Héctor Flores

Estados dormidos mexicanos | *Mexican asleep states*
Marco Muñoz

México Balompié | *Mexico Soccer*
Christian Cañibe

Partidos políticos unidos contra los Mexicanos | *Political parties united against Mexicans* Marco Muñoz

Bandera punto de cruz | *Cross stitched flag*
Arit Marín Tun

ALTERNATIVE FLAGS FOR MEXICO

Lo local en lo global | *The local in the global*
Juan Pedro López

Platiquemos | *Let's talk*
Judith González Ham

Muestreo digital de colores de la bandera | *Digital sampling of the colors of the flag* Rafael Gamboa

Enunciados | *Statements*
Juan Pedro López

Águila desplumada | *Plucked eagle*
Héctor Flores

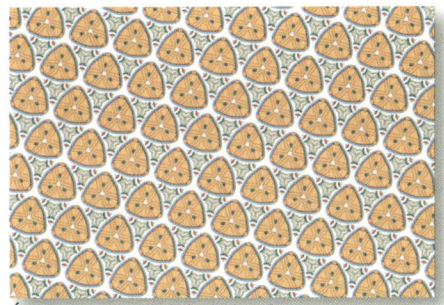

Águila desplumada | *Plucked eagle*
Héctor Flores

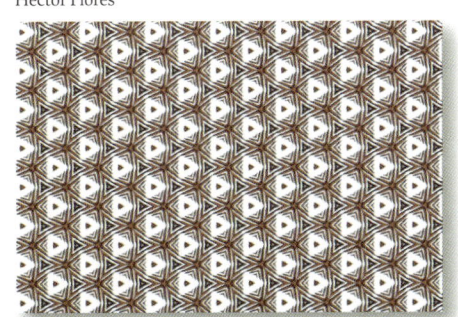

Águila desplumada | *Plucked eagle*
Héctor Flores

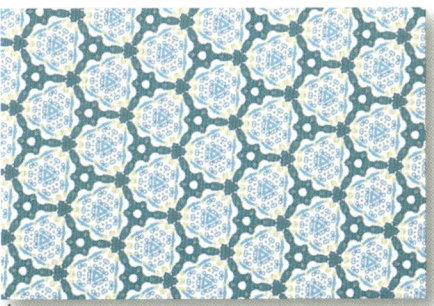

Águila desplumada | *Plucked eagle*
Héctor Flores

BANDERAS ALTERNATIVAS DE MÉXICO

Verde es la esperanza | *Hope is Green*
Pilar Cámara

Mareas | *Tides*
Nirvana Paz

¿Lucha? ¿Libre? | *Struggle? Free?*
Salvador Lemis

Muro | *Wall*
Kanek Gutiérrez Vásqués

Lo bueno, lo real, lo feo | *The good, the real, the ugly*
Ana Bretón

Estados Unidos Alterados | *United Upset States*
Marco Muñoz

La huida | *The flight*
Nirvana Paz

Mi abuela | *My grandmother*
Nirvana Paz

ALTERNATIVE FLAGS FOR MEXICO

Transporte | *Transportation*
Viviana Zuñiga Rojas

Wilma Anahí Monforte Chan

Recursos | *Resources*
Marco Muñoz

Trámites | *Paperwork*
Luciano Sánchez Tual

32 colores | *32 colors*
Aldo Vázquez Yela

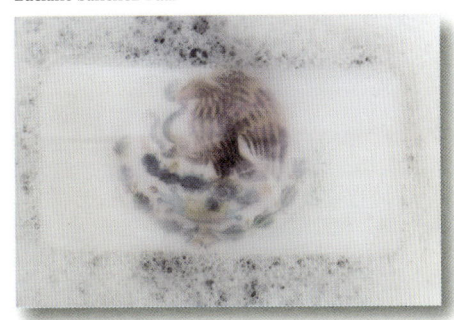

Ruth Fuentes Sansores

Bandera de la luz | *Flag of the light*
Adriana Balvanera

País de oro | *Country of gold*
Adriana Balvanera

BANDERAS ALTERNATIVAS DE MÉXICO

Tamal verde | *Green tamal*
Anaid Espinosa

María José Alós

Estados Unidos Guadalupanos | *United Guadalupe States* Marco Muñoz

México por la noche | *Mexico at night*
José Ramón Estrada A.

Coincidencia | *Coincidence*
Arturo Guillen & Annelys de Vet

ALTERNATIVE FLAGS FOR MEXICO

173

José Ramón Estrada A.

Espiral | *Spiral*
Ileana Jiménez Gáber

Fragmentos de siete video-diarios
RETRATOS EN LA CIUDAD DE MÉXICO (DVD)

Helena Fernández-Cavada

Adriana Martínez de la Rosa

Atlas Subjetivo de México, como parte de su propuesta editorial, decidió ampliar los límites explorados incluyendo proyectos audiovisuales.

Diego Gutiérrez, cineasta y artista, fue invitado a impartir un taller en las instalaciones de la Academia de Artes Visuales (AAVI) en la Ciudad de México del 28 de septiembre al 10 de octubre de 2010. El resultado fueron siete videos que se encuentran en el DVD que acompaña este libro.

—

Subjective Atlas of Mexico, as part of its publishing proposal, decided to broaden the explored boundaries by including audiovisual projects.

Diego Gutiérrez, filmmaker and artist, was invited to give a workshop at the Academy of Visual Arts (Academia de Artes Visuales, AAVI) in Mexico City from September 28 to October 10, 2010. The outcome of seven videos are included on the DVD attached to this book.

—

Participantes | *Participants*:
José Ramón Estrada A.
Helena Fernández-Cavada
Judith González Ham
Arturo Guillen
Adriana Martínez de la Rosa
Marco Muñoz
Nirvana Paz

Helena Fernández-Cavada
El taller de video del Atlas, fue una experiencia rara, de esas que te remueven, confrontan y conmueven. El taller fue algo así como un dialogo entre todos los presentes a partir de los numerosos ejercicios de video que nos proponía Diego. Todos hablamos, comentamos y discutimos mucho sobre los mapeos de los demás compañeros, la única regla para esas conversaciones era no emitir ningún juicio de valor.

Fue como un largo viaje al interior. Cuando terminó parecía que nos habíamos ido muy lejos, sin embargo seguíamos en la Ciudad de México. El primer día Diego nos contó algo de una cuerda interior, una cuerda que crea resonancia entre los seres humanos. Todos tenemos una cuerda dentro y a medida que podamos hacerla vibrar, resonar, nos reconocerán y nos reconoceremos entre los seres humanos. Cada uno interpretó eso de una forma u otra, yo sentí que teníamos que buscar esa cuerda que hace sonar nuestra alma, y pensé que con mucha suerte quizá descubriamos cómo cantar con ella. Aunque por mi parte quedaría contenta sólo con escuchar por un segundo cómo es su melodía. Esas notas son un largo camino para continuar con el baile de la vida. Un viaje sin mapa a las profundidades de uno mismo que nos hizo conectar con nuestro contexto y con el otro.

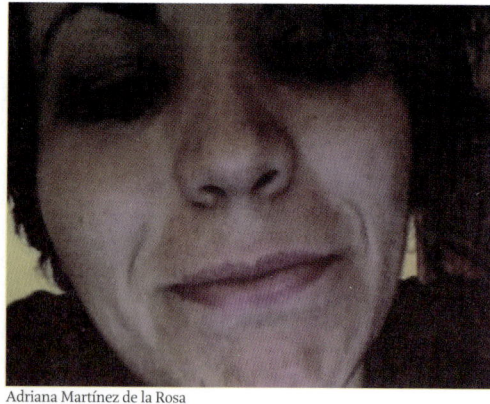

—

The video workshop for the Atlas was a weird experience, the kind that revives, confronts, and moves you. This workshop was a dialogue among all the participants based on the various video exercises proposed by Diego. All of us talked, commented and discussed about the mappings made by the others. The only rule for the discussions was not to give a value judgement.

It was like a long trip to the internal part of ourselves. When it finished, we felt like if we had gone very far away; however, we still were in Mexico City. On the first day, Diego told us something about an internal string that generates some kind of impact among human beings. Each of us has an internal string, and as we make it vibrate, sound, we can recognize and be recognized by other human beings. Each interpreted this story in a different way. I felt that we had to look for that string making our soul ring, and I thought that, being lucky, we might find out how to sing with it. Though I think I would be happy with listening to its melody for just a moment. This group of notes builds a long way to continue dancing through life. A trip without a map to the deepest part of ourselves made us connect with our environment and with the others.

Adriana Martínez de la Rosa
Siempre he pensado que pasar nuestros miedos, errores y frustraciones al plano de la conciencia es complicado, lo mismo sucede con las virtudes y aciertos; pero hacer de eso una pelicula es desnudarse.

Nunca se trató de ser expuesto y ser juzgado, una de las reglas era hablar del material visualizado pero jamás con juicios de valor y la verdad que en esta sociedad critica, hacerlo de otra forma nos resultó complicado, no sólo como juez, si no al ser juzgado y no poder escuchar un "me gusta" nos dejaba la intriga de saber si lo que hacíamos estaba bien, para confirmar o negar nuestras sospechas y superar los errores señalados por el otro. Funcionó mejor ver estos defectos y aciertos por nosotros mismos, descubrimos las notas que la cuerda dentro de nosotros era capaz de entonar y no para deshechar las que no sonarán bien, sino para componer una melodía armónica aún desafinada. Lo mejor de todo fue sentirme fuera de mí y dentro de los otros. Las peliculas se convirtieron en una especie de radiografía en la que asombrosamente la cuerda se hacía visible.

—

I have always thought that letting our fear, frustrations, and mistakes come out to the surface is

Fragments of seven video-diaries
PORTAITS IN MEXICO CITY (DVD)

Nirvana Paz

José Ramón Estrada A.

complicated. This same thing happens with skills and wisdom. But to make a film out of this is to be left naked.

We never intended to be exposed to and judged by others. One of the rules was to talk about the material we saw, but we could not make value judgments. To be honest, it was complicated to carry out this activity in a society as critic as ours. When we were acting as judges as well as when we were being judged, we felt intrigued not to hear an expression such as "I like it", we needed that to know whether we were doing it alright, to confirm or ignore our thoughts and overcome the mistakes that were appointed by the other. It worked better for us to see our mistakes and skills by ourselves. We discovered the notes that the string inside us is capable of ringing, not to get rid of the ones that do not make a nice sound, but to compose a harmonic melody, even if it is still out of tune. The best part of it was to feel myself outside of me and inside the others. The films became a kind of radiography in which astonishingly the string was made visible.

Nirvana Paz
El juicio de valor es el juicio de lo correcto o errado de algo, basado en un conjunto o sistema particular de valores.

Para lograr un fructífero viaje al interior es necesaria la exacerbación de los sentidos, y nunca sobrará un buen espejo que especule sobre nuestro proceso. Así que ahí estábamos, presenciando la magia de soltar las amarras y embarcarnos por los mares de nuestros ayeres que inevitablemente nos definían en medio de esta ciudad que en su caótica vivencia parecía describirnos entre más la mirábamos.

El resultado se ve en un conjunto de videos, pero sobre todo, en el juicio de valor que descubrimos teníamos hacia nosotros mismos y los otros. Algunos, por fin liberados de ellos, otros, aceptándolos y queriéndolos. No es esto el arte? Un proceso catártico, gozoso, renegado y hasta vituperado de conseguir un conocimiento de nosotros mismos, y con suerte, un conocimiento del otro. En 7 minutos de imágenes están estas historias, las que hoy nos exorcizan y dialogan con nuestros miedos, sueños y fortalezas.

Me parece que no hay aprendizaje sin dolor, ese dolor que engrandece y que nos ayuda a sublimar lo cotidiano como eje amoroso de la vida, por ello en esta experiencia, fue y será vital la mano de Diego, un amigo que supo detonar todo esto, a un grupo de desconocidos con los que hoy se ha generado un lazo indisoluble.
—

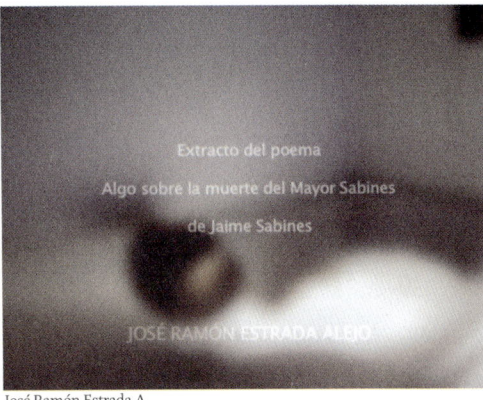

A value judgment is a judgment on what is right or wrong about something. It is based in a specific group or system of values.

In order to have a profitable trip to our interior, it is necessary to amplify our senses and have a good mirror analyzing our process. So there we were, witnessing the magic of casting of and shipping through the oceans of our past that inevitably defined us in the center of this caotic city that seemed to define us as we looked at it.

The result is seen in a group of videos, but above all, it is seen in the value judgment that we discovered we had made on ourselves and the others. Some of us, at last, freed from them, other accepting and embracing them. ¿Isn't it what art is about? It is a cathartic, joyful, denying and even condemned process of reaching the knowledge of ourselves and, luckily, of the others. These stories, exorcizing us and discussing with our fears, dreams and strength, are kept within seven minutes of images.

I think that we do not learn without experimenting some pain, the kind of pain that makes us stronger and helps us sublimate the everyday experience as a loving axis of life. For this reason, the help from Diego was and will be very vital, since he was the detonating point for the group of strangers with whom we have generated an unbreakable bond.

José Ramón Estrada A.
Llegue un día,
me ví,
y me aborrecí,
otro día,
me ví,
y me sentí,
después,
me volví a ver,
y me conocí,
ahora, no alcanzo,
no logro la resonancia,
aún no conecto,
todo está en calma,
el hechicero de las tierras bajas,
nos dio la respuesta,
(hoop),
es cuestión de tiempo....
estoy cerca,
muy cerca de tañír....
 las cuerdas de mi alma.

I arrived one day,
I saw myself
And I hated me,
Another day,
I saw myself,
And I felt me,
Then,
I saw myself again,
And I got to know me,
Now, I cannot reach,
Cannot produce the sound,
I still don't link,
Everything is calm,
The wizard from low lands,
He gave us the answer,
(hoop),
It is a matter of time...
I am very close,
Very close to ring....
 The strings of my soul.

ÍNDICE DE PARTICIPANTES

Silvana Agostini
1968, Cd. de México (MX)
fotógrafa | photographer
sagostoni@gmail.com
p. 104

Las fotos de la serie *Huellas* son tomadas en un reclusorio en San Luís Potosi. Son reproducciones de otras fotos, páginas de revistas, dibujos y signos iconográficos que en algún momento decoraron las paredes del lugar. Los objetos fotografiados son remanentes de una cultura visual local y permiten un intento de localización de la mirada de ciertos sujetos en circunstancias de comunicación—y de goce—muy particulares. Las huellas que deja el prisionero en la cárcel, con la esperanza de que le sobrevivan, no solamente van dirigidas a atravesar el reducto del espacio, sino también a romper los límites temporales de la propia reclusión. Por eso el tipo de trabajo que ha hecho Silvana Agostoni tiene algo de desenterramiento o de arqueología (el ícono como residuo y como huella), un actuar en el sitio, para atravesar distintas capas de materia física, pero también distintos estratos de tiempo.
—
The pictures from the series called Traces were taken at a prison in San Luis Potosi. They are copies of other pictures, pages of magazines, drawings and icons that were part of the decoration of the place at some point. The photographed objects are remainings of a local visual culture and allow an attempt to locate the look of some persons in specific communicating—and joyful—circumstances. The traces left by the prisoner in jail, hoping they survive, are not only intended to pass through the reduced space, but to overpass the temporary limits of his imprisonment. For this reason Silvana Agostoni's work some how is archaeologic (the icon as the reminder of the trace), is an onsite act to go through the different layers of physical matter, and of different time stages.

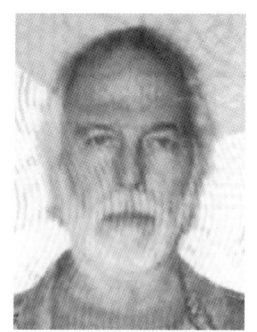

Carlos Aguirre
1948, Acapulco (MX)
artista, invitado especial taller Cd. de México | *artist, guest speaker workshop Mexico City*

Carlos Aguirre estudió en México y Londres. Como artista le interesa trabajar entorno al sentido social, por lo tanto en los últimos años ha utilizado "la palabra" como el objeto estético en su obra. Por otro lado, emplea el uso de nuevos materiales y técnicas contemporáneas, así como la interacción entre ellas.
—
Carlos Aguirre studied in Mexico and in London. As an artist, he is interested in working on the social sense, for this reason he has lately used "words" as the esthetic object of his work. On the other hand, he uses new materials and contemporary techniques, and makes them interact.

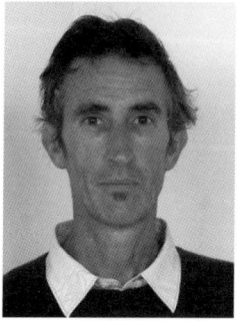

Francis Alÿs
1959, Antwerpen (B)
vive en México desde 1980 | lives in Mexico since 1980
artista | *artist* p. 60

Alejandra Alós
1977, Cd. de México (MX)
docencia | *teacher*
aleae03@yahoo.com.mx
p. 50

164 registros de recorridos de estación a estación en papel tamaño oficio con pluma.
Alejandra Alós: "*Registros cotidianos* es un proyecto que traduce una experiencia común a un lenguaje gráfico-abstracto. Durante cuatro días recorrí todas las líneas del metro. Para documentar la experiencia usé papel y pluma; dejé que mi mano se moviera libremente sobre el papel, impulsada por los movimientos que el recorrido del vagón sobre las vías provocaban. En los dibujos resultantes se presentan las variaciones en la vibración y oscilación del metro a través de una línea dibujada. Es un proyecto de carácter exploratorio que supone una forma diferente de experimentar la cotidianidad."
—
164 records of routes from one station to the other on foolscap paper written in ink. Alejandra Alós: "Daily records is a project that translates a common experience into an abstract-graphic language. I took a four day tour around the subway lines. In order to record my experience I used paper and pen. I let my hand move freely on the paper, driven by the movement of the wagon on the railroad. The resulting drawings represent the vibrating and oscillating movements of the subway through a line. This is an exploratory project that experiments differently the everyday life."

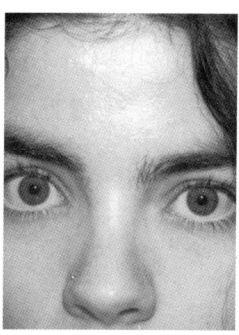

María José Alós Espéron
1980, Cd. de México (MX)
artista | *artist*
pepapower@yahoo.com
p. 24, 172

Observaciones en el metro:
Muchos empujan para entrar, otros luchan para salir · Algunas veces tarda más en llegar · Hay largos y cortos tiempos de espera · Las indicaciones están incompletas · El espacio es limitado · Todos se sostienen de algo · Los que traen bolsa cargan · La gente mirando hacia abajo parece triste · La gente suda porque tiene calor · A algunos les apesta la axila · Las mujeres usan perfume · Algunos van, otros vienen · Todos quieren llegar · Las escaleras suben y bajan o suben o bajan · El tránsito es más intenso a ciertas horas.

Observations on the subway:
Many push to get in, others struggle to get out · Sometimes it gets longer for the subway to arrive · The waiting periods are sometimes long and sometimes short · The signs are incomplete · The space is limited · Everyone is clinging to something · People with bags are carrying them · People looking downwards look sad · People are sweating because they are hot · Some armpits stink · Women wear perfume · Some come and others go · All want to get to their destinations · Stairs come up and down, or up or down · Traffic gets heavier during some hours.

INDEX OF CONTRIBUTORS

Iqui Balam
1976, Cd. de México (MX)
invitado especial taller Mérida | *guest speaker workshop Mérida*
iqui1@yahoo.com

Adriana Balvanera
1964, Cd. de México (MX)
artista | *artista*
gamica2002@yahoo.com.mx
p. 171

Miroslava Basaldúa Flores
1985, Cd. de México (MX)
diseñadora gráfica | *graphic designer* vientodequetzal@hotmail.com p. 25, 28, 30

Annette Bauer
1978, Merzig (D)
Vivió en México 2007 - 2010
Lived in Mexico 2007 –2010
docencia | *teacher*
kayam@gmx.de

Annette Bauer: "Siendo alemana, ¿cómo puedo contribuir en un Atlas Subjetivo de México? Vivo en la casa donde vivió Nahui Olin. Percibo que hay una relación entre los sentimientos de Nahui Olin en su momento y yo como mujer extranjera en México, considerando la manera en que me percibe la sociedad; reducida al cuerpo, pelo, ojos, sexo. Esa reducción o simplificación sirve, por un lado, para negar la igualdad de género, por otro, para no confrontarse con la complejidad y el poder. Creo que más allá de la corporalidad hay una conexión con las palabras de Nahui Olin que no han perdido su valor:"

"Bajo la mortaja de leyes humanas, duerme la masa mundial de mujeres, en silencio eterno, en inercia de muerte, y bajo la mortaja de nieve—son la Iztaccíhuatl, en su belleza impasible, en su masa enorme, en su boca sellada por nieves perpetuas,—por leyes humanas. Más dentro de la enorme mole, que aparentemente duerme, y sólo belleza revela a los ojos humanos, existe una fuerza dinámica que acumula de instante en instante una potencia tremenda de rebeldías, que pondrán en actividad su alma encerrada, en nieves perpetuas, en leyes humanos de feroz tiranía. – Y la mortaja fría de la Iztaccíhuatl se tornará en los atardeceres en manto teñido de sangre roja, en grito intenso de libertad, y bajo frío y cruel aprisionamiento ahogaron su voz; pero su espíritu de independiente fuerza no conoce leyes, ni admite que puedan existir para regirlo o sujetarlo bajo la mortaja de nieve en donde duerme la Iztaccíhuatl en su inercia de muerte, en nieves perpetuas. "

Fragmento de "Bajo la mortaja de nieve duerme la Iztaccíhuatl en su inercia de muerte", Óptica cerebral

—

Annette Bauer: "How could I, being German, contribute to a Subjective Atlas of Mexico? I live in the house where Nahui Olin lived. I sense a bond between the feelings of Nahui Olin at her own time and my own feelings as a foreign woman in Mexico, taking into account the way I am perceived by society; being reduced to body, hair, eyes and sex. This reduction or simplification works on one hand to deny the gender equity, On the other hand, not to face the difficulty of power. I think that there is a connection, beyond corporality, with Nahui Olin's words that haven't lost their strength:"

"Under the mortise of human laws, the women in the world sleep in never-ending silence towards death. And under the mortise of snow – they become Iztaccíhuatl, in their unemotional beauty, in their enormity, in their mouths sealed by the never-ending snow, by human laws. But inside the great mass that is apparently sleeping and revealing beautiy only to human eyes, there is a dinamic strength adding up every moment a dreadful power of rebelliouness, that would activate their locked soul, in never-ending snow, in fierce tyrannical human laws. -And the cold mortise of Iztaccíhuatl shall be turned into mattle died with red blood at dusk, with an intense cry for liberty, under the cold and cruel imprisonment that drowns out her voice. But her strong spirit does not know any laws, nor does it admit they exist to govern or hold it under the mortise of snow where Iztaccíhuatl sleeps towards death, in never-ending snow."

Extract from "Under the mortise of snow Iztaccíhuatl sleeps towards death," Brain optics.

María Luz Bravo
1975, Puebla (MX)
fotógrafa | *photographer*
marialunes@yahoo.com
p. 94

Ana Bretón
1971, Cuernavaca (MX)
diseñadora gráfica | *graphic designer* anabretonn@hotmail.com p. 170

ÍNDICE DE PARTICIPANTES

Pilar Cámara
Mérida (MX)
pintora | painter
p. 32, 170

Alfonso Camberos
1976, Tijuana (MX)
arquitecto, fotógrafo |
architect, photographer
pocamberos@gmail.com
p. 29, 92, 98

Javier Campuzano
1985, Cd. de México (MX)
fotógrafo | photographer
cayjavi_1985@hotmail.com
p. 125

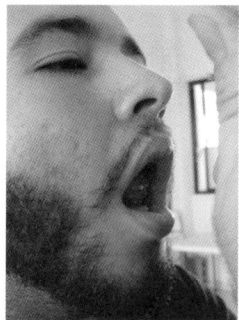

Carlo Rodrigo Canto Ávila
1986-2009†, Mérida (MX)
artista visual | visual artist
p. 164

Carlo cosió las banderas siguiendo las instrucciones de amigos y familiares. | Carlos sewed flags as instructed by friends and family.

Rodrigo Quiñones Reyes
— Hasta en las mejores familias
El rojo del fondo es por toda la sangre derramada por los mexicanos y el logotipo de Televisa es porque me gusta el programa "Hasta en las mejores familias".
— Even to the best of us
The color red on the background is due to the blood shed by Mexicans, and the logo from Televisa is because I like the TV show "Hasta en las mejores familias" (even to the best of us).

Cristian Canto Ávila
— Conquista
La bandera española simboliza la conquista española. Las estrellas simbolizan la cultura europea impuesta sobre el pensamiento indígena. Todo junto simboliza la actitud de nobleza y sometimiento por las perversiones empleadas por la corona española.
— Conquest
The Spanish flag symbolizes the Spanish Conquer of Mexico. The stars are the symbol of the European Culture imposed on the indigenous way of thinking. All together means nobility and subjugation to the spanish crown perversions.

Carlo Canto Ávila
— Batalla para la libertad
La paloma (libertad) se encuentra enredada en ramas de olivo (paz, esperanza) y laurel (victoria). En la batalla sólo logra abrir su ala hacia la derecha (sector privilegiado de la sociedad). Se encuentra parada sobre un bloque de concreto (industria, empresas, burgueses) el cual está aplastando el campo (flora, fauna, tierra). El machete representa las armas de la izquierda y la constitución mexicana la de la derecha. El fondo representa a todos los mexicanos iguales en sangre, pero divididos.
— Battle for freedom
The dove (freedom) is entangeld in the olive (peace, hope) and laurel (victory) branches. In battle, it can only extend its wing to the right (privileged part of society). It is standing on a concrete block (industry, business, citizens) which is crushing the countryside (flora, fauna, earth). The machete symbolizes the weapons of the left and the mexican constitution of the right. The background represents the equality of all Mexican people due to their blood heritage, but they are divided.

Vicente Razo Botey
— Irak en México
En mi opinión el nuevo diseño para México debe de ser la bandera de Irak por dos razones:
1. Como símbolo de que México es un país que está invadido, en guerra, violentado por los intereses económicos y políticos del imperio estadounidense.
2. Como muestra de solidaridad, apoyo e identificación con un país y un pueblo que está en resistencia y lucha.
— Iraq in México
According to me, the new design for the Mexican flag should be the flag of Iraq, due to two reasons:
1. As symbol of Mexico being an invaded country, at war, distorted by the economical and political interests of the american empire.
2. To show sympathy and support to a country and people that are in constant struggle.

David Muñoz May
— Sin limites
Mi bandera es una en la que no existen limites políticos en los estados, es un México unido, con los lenguajes que hablan sus indígenas, los que generalmente no son incluidos en la toma de decisiones en el país, por el hecho de que muchas veces no hablen español y sin embargo somos un país con una enorme cantida de lenguas.
— Without boundaries
My flag is one with no political boundaries in the states, it is a united Mexico, along wih the indigenous languages that are usually not included in the decision making process of the country, because the indigenous people usually do not speak Spanish; however, we are a country rich in language variety.

Robertinho Barbosa Ferreira
— Creación de valores
La lata simboliza la limitante en la que nos introducimos nosotros mismos al crear valores que no permiten que el país avance. El chile es el poder que nos hacen creer que poseemos. El rojo simboliza que todos lo sabemos. El blanco al fondo simboliza la esperanza del cambio.
— Creation of values
The can symbolizes the boundaires in which we imprison ourselves by creating values that do not let the country move forward. The chili symbolizes the power we believe we have. The red color symbolizes that we all know. The white background symbolizes hope for change.

Araceli González Belém
— EZLN
La estrella representa al EZLN que encarna a los Indígenas, los Obreros y los Campesinos. Esas comunidades son el México verdadero, son el corazón y los reyes de México. Verde: Selva y la Tierra. Rojo: Sangre. Tres barras horizontales iguales; Negro: Petróleo de México, Amarillo: Maíz de

INDEX OF CONTRIBUTORS

México, Café: el café y también el Orgullo Moreno de México.
— EZLN
The star represents EZLN which embodies the Indigenous, Workers and Peasants. These communities are the actual Mexico, they are the heart and the kings of Mexico. Green: Jungle and Land, Red: Blood. The three horizontal bars; Black: Mexican oil, Yellow: Mexican Corn, Brown: Coffee and the Tanned Pride of Mexico.

Gabriel Quintal Larrocha
— Diversidad de posibilidades
La elección de los colores fue basada en la bandera de la diversidad. El fondo negro son todas las posibilidades de lo que pudieran ser los sueños de sus habitantes. Las líneas tienen esa dirección porque un solo sentido contradiría la libertad de lo posible y lo diverso.
— Variety of possibilities
I chose the colors based on the flag of variety. The black background are all the possibilities of which the dreams of the inhabitants would be. The lines are in such direction because one direction would only contradict freedom of all the things that are possible and varied.

Katie Usher Pérez
— Divisiones invisibles
El color realmente no significa nada. Las líneas son las divisiones de México. Si se mira de lejos, no se notan las divisiones (sociales, sexo, raza, económicas), pero conforme te vas acercando a las líneas se van acentuando y se ven muy bien las segmentaciones de diferentes tamaños.
— Invisible divisions
The color does not mean anything. The lines are the divisions of Mexico. If you see it from a distance, the divisions (social, sex, race, economical) can be noticed, bud as you get close to it, the lines are emphasized and the different sized segments are noticeable.

Christian Cañibe
1978, Cd. de México (MX)
diseñador gráfico | graphic designer moduki@yahoo.com.mx
p. 25, 128, 166, 168

Wilma Anahí Chan Monforte, 1987, Mérida (MX)
estudiante de artes visuales | visual arts student
anahi_202@hotmail.com
p. 27, 166, 167, 171

Rocío Chaveste
1949, Cd. de México (MX)
terapeuta | therapist
prisand@prodigy.net.mx
p. 146

Andrea Cordero Ramón
1976, Mérida (MX)
fotógrafa | photographer
andreacorderoramon@yahoo.com p. 26, 110

José Luis Cuevas (MX)
fotógrafo | photographer
joseluis.cuevas@hotmail.com
p. 138

La serie El Hombre Promedio muestra a oficinistas y empleados abordados en sus recorridos diarios en la Ciudad de México. El resultado: retratos de gente como cualquier otra, símiles del rostro de millones de personas que en su conjunto conforman una sociedad como cualquier otra, con el mismo rostro.
—
The series Average Man shows office clerks and employees encountered on their every day routes around Mexico City. The result: Pictures of common people, their faces are similar to the faces of millions of people that together form a society as any other, with the same face.

Yuriko Cortéz
1988, Oaxaca (MX)
estudiante mercado técnia | merchandising student
filatova_810@hotmail.com

Franklin J. Díaz
1955, Nueva Orléans (EUA)
Vive en México desde 2008
Lives in Mexico since 2008
guionista | screenwriter
franklinjdiaz@yahoo.com

Franklin J. Díaz actualmente prepara guiones sobre músicos cubanos diversos. Participa en la realización de "En la caliente", sobre el polémico fenómeno del reguetón en Cuba, y en el largometraje documental "Para vivir: el implacable tiempo de Pablo Milanés", ambos con guión suyo.
—
J. Franklin Diaz is currently preparing various scripts about Cuban musicians. He participates in the making of "En la caliente", about the controversial phenomenon of reggueton in Cuba, and the documentary "Para vivir: el implacable tiempo de Pablo Milanés", both with his script.

ÍNDICE DE PARTICIPANTES

Marisol Domínguez
1983, Mérida (MX)
historiadora del arte |
art historian madogo83@
yahoo.com.mx p. 66

El mes de abril del 2010 se aprobó la reforma a los Artículos 65 y 66 de la Ley General de Salud de México, como parte de las acciones tomadas por el gobierno mexicano para combatir y prevenir la obesidad infantil. La Secretaría de Salud y la Secretaría de Educación emprenden una campaña para fomentar la alimentación saludable en las escuelas de nivel básico. Para controlar el consumo de chatarra en las escuelas proponen una serie de medidas que se aplicarán a partir del siguiente ciclo escolar. Con el fin de que los niños consuman un refrigerio equilibrado en el recreo, a las cooperativas a cargo de las cafeterías y tiendas escolares les corresponde preparar refrigerios saludables con pan integral, tostadas horneadas, jamón de pavo y queso panela, e incluir frutas y verduras en sus expendios. En cuanto a los alimentos industrializados que contienen un alto grado de grasas saturadas y azúcares simples, como las frituras y los refrescos de cola, no se prohíbe su venta sino que se restringe a empaques con menor contenido.
—
On April 2010 the amendment to Articles 65 and 66 of the Mexican General Health Act was approved as part of the actions taken by the Mexican government to fight and prevent obesity in children. The Ministry of Health and the Ministry of Education launch a campaign to promote a healthy diet in primary schools. In order to keep under control the consumption of junk food, the schools promote rules to be applied as of the following school year. With the purpose of having the children eat a healthy lunch during their break, the company stores in charged of coffee shops and school stores prepare healthy lunches with whole-grain bread, baked toast, turkey jam and basket cheese. They also sell fruits and vegetables. The selling of products such as industrialized high-saturated-fats and monosaccharides food, as fried food and cola soft drinks is not forbidden, but it is constricted to packs with less content.

Moniek Driesse
1983, Strijen (NL) Vive en México desde 2009 | Lives in Mexico since 2009
Organización, editora y diseñadora Atlas Subjetivo de México | Organization, editor, and designer of the Subjective Atlas of Mexico
moniek@moniekdriesse.nl
p. 10

Moniek Driesse estudió en el departamento de Man & Communication del Design Academy Eindhoven (NL) donde se graduó con mención honorífica como diseñadora en comunicación visual. En 2008 recibió una beca del Fonds BKVB (NL) y comenzó a trabajar como diseñadora con un enfoque multidisciplinario en los Países Bajos y México. Se movió a la Ciudad de México en 2010, donde vive, empezó a trabajar en el Atlas Subjetivo de México y estudia una maestría en Arquitectura en la UNAM. El trabajo de Moniek se base en un constante acercamiento analítico y conceptual, en el que diseñar es una acción en respuesta a preguntas, deseos y necesidades de la gente. Recogiendo sus historias y sueños consigue la principal fuente de formación para ideas creativas. El resultado consiste en una síntesis de comunicación en objetos.
—
Moniek Driesse studied at the department of Man & Communication of the Design Academy Eindhoven (NL) where she graduated with Honorable Mention as designer in visual communication. In 2008 she received a scholarship from Fonds BKVB in the Netherlands and started to work as a designer in a multidisciplinary design field in the Netherlands and Mexico. She moved to Mexico City in 2010, where she lives, started to work on the Subjective Atlas of Mexico and studies a master degree in Architecture at UNAM. Moniek's work is based in a constant analytical and conceptual approach in which designing is an act of answering questions, desires and needs of the people. Recollecting their stories and dreams she obtains the main source of formation for creative ideas. The result is a synthesis of communication in objects.

Anaid Espinosa
1987, Cd. de México (MX)
diseñadora gráfica |
graphic designer
ninanaid@hotmail.com
p. 25, 56, 58, 172

José Ramón Estrada A.
1968, Cd. de México (MX)
fotógrafo | photographer
joeramone2007@gmail.com
p. 32, 76, 172, 173, 174, dvd

Úrsula Espino Herrero
1984, Mérida (MX) estudiante de artes visuales | visual arts student flamingoursi84@
gmail.com p. 112, 166

Citlali Fabián Bautista
1988, Oaxaca (MX)
fotógrafa | photographer
marihuanaseal@hotmail.com
p. 27, 31, 68, 136, 166

INDEX OF CONTRIBUTORS

Helena Fernández-Cavada
1979, Madrid (E) Vive en México desde 2006 | *Lives in Mexico since 2006*, artista | *artist* hfarera@gmail.com
p. 70, 80, 174, dvd

Héctor Flores Ramírez
1987, Cd. de México (MX)
administrador público |
public administrator
hectorcflores@gmail.com
p. 166, 168, 169

"Águila desplumada" es un estudio breve sobre el simbolismo asociado a las superficies gráficas. Ninguna superficie es valiosa por sí misma: su valor siempre está mediado culturalmente. Por ejemplo, las banderas alternativas para la República Mexicana que se presentan en estas páginas pueden muy bien pasar por manteles ordinarios, o cualquier otro tipo de superficie sin la mayor relevancia política o social; como servilletas, cortinas o pañuelos que se usan cotidianamente por los mexicanos. En realidad, los patrones de los que se compone cada una de las banderas alternativas están, mediante un proceso de síntesis gráfica, derivadas directamente de la bandera oficial de la República Mexicana.

La misma naturaleza del patrón anula la singularidad y el significado de las formas que lo constituyen: es invisible a primera vista, por ejemplo, el pico del águila real que aparece en el escudo de la bandera, y que aquí, en los patrones, se desvanece en la formación de un triángulo de vértices redondeados. El observador de estas banderas-manteles tiene que hacer un esfuerzo para adivinar su linaje.

El resultado es una serie de nuevas banderas mexicanas que adquiere un aire lúdico y hasta trivial, que contrasta directamente con los densos significados políticos, culturales y hasta legales asociados a la superficie de donde en principio se originaron.
—
"Plucked eagle" is a brief study on symbolism asociated to graphic surfaces. Any surface is valuable in itself: Its value is culturally given. For example, the alternative flags for the Mexican Republica appearing in these pages could be considered as ordinary tablecloths, or any other kind of surface with no political or social relevance; such as napkins, drapes, or handkerchiefs used everyday by Mexicans. In fact, the patterns of each of the alternative flags are, through a graphic summarizing process, derived directly from the official flag of the Mexican Republic.

The nature of the pattern eliminates the singularity and the meaning of its shapes. At first sight, the beak of the royal eagle in the coat of the flag is invisible, and from this point it is faded into a triangle of rounded vertex. The observer of these flags-tablecothes has to make an effort to guess its descent.

The result is a series of new Mexican flags with a recreational and even shallow spirit that contrasts directly with the weighty political, cultural and even legal meanings associated to the surface in which they were originated.

Ruth Fuentes Sansores
1983, Campeche (MX)
estudiante de artes visuales |
visual arts student
lovintage@hotmail.com
p. 30, 126, 171

Rocio Gallardo
1990, Cd. de México (MX)
estudiante | *student*
muy-despacito@hotmail.com

Rafael Gamboa
1981, Mérida (MX)
artista visual | *visual artist*
rfl.gmb@gmail.com
p. 16-23, 169

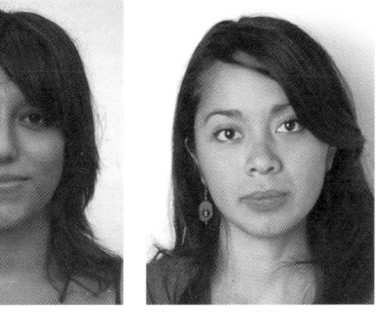

Amauta García Vázquez
1983, Cd. de México (MX)
artista visual | *visual artist*
amautagarcia@hotmail.com
p. 25, 27, 33

Judith González Ham
1985, Cd. de México (MX)
diseñadora de interiores |
interior designer
jghstudio@gmail.com
p. 118, 167, 169, dvd

Judith González Ham: "Si vienes a mi casa a comer, te sorprenderás de lo que pasa. ¿Cómo es que cuando mi madre a veces cocina comida cantonesa siempre tiene a la mano chiles verdes? Bueno, es una larga historia. Mi abuelo materno nació y creció en Cantón, China. Descendiente de la Dinastía Tang, según nos cuenta vivía privilegiadamente hasta que estalló la Revolución Cultural de Mao, sus tierras y pertenencias le fueron quitadas. Escapó a Reino Unido, y sobrevivió por sus excelentes habilidades para cocinar. Ahí, trabajó como cocinero para los >

ÍNDICE DE PARTICIPANTES

gentlemen ingleses de la Eagle Oil Company, empresa que explotaba el petróleo Venezuela y México. Decidió quedarse en ese último país después de enamorarse del lugar y de mi abuela. Ella fue hija única de un matrimonio divorciado que vendía quesos y otros productos. Sí, el queso los unió. Su madre le advirtió : "no te cases con un mexicano o te romperán el corazón". Le hizo caso, tuvieron 8 hijos, entre ellos mi madre, quien decidió ir a la escuela de medicina en la Ciudad de México, donde conoció a mi padre. Mi padre es el hijo de un querido médico y la hija de un matrimonio de hacendados. Las haciendas eran la unidad de organización sostenible de la agricultura y el trabajo a principios del siglo XX en México. Su familia también había sufrido la Revolución en 1910. La hacienda se redujo de 8000 a 600 hectáreas. Ahí producían pulque, una bebida alcohólica típica hecha de la fermentación del agave. Su familia también estaba interesada en la música, la comida y los negocios. La familia creció, el tiempo pasó y mi abuela nació. Conoció a mi abuelo y más tarde se enteró que su suegro había sido trabajador en la hacienda. Los tiempos habían cambiado, formaron una familia de 4 hijos, siendo mi padre el mayor. Mis padres siguen felizmente casados, tuvieron dos hijos: mi hermano y a mí."

—

Judith González Ham: "If you come to my house to eat, You will be surprised of what happens. How is it that when my mother cooks Cantonese food she always has green chilis at hand? Well, it is a long story. My grandfather on my mother's side was born and grew up in Canton, China. He descends from the Tang Dinasty. He says he used to live a privileged life until the Mao's Cultural Revolution started, at that time his lands and belongings were taken from him. He escaped to the United Kingdom and survived due to his remarkable abilities at cooking. There, he worked as a cook for the English gentlemen at the Eagle Oil Company, a company that exploited oil in Venezuela and Mexico. He decided to stay in Mexico when He fell for the place and my grandmother. She was the only child of a broken marriage that sold cheese and other products. Indeed, the cheese united them. Her mother warned her: "do not marry a Mexican, because he will breake your heart." She listented to her. They had eight kids, my mother among them, who decided to study medicine in Mexico City, where she met my father. My father is son of a dear doctor and the daughter of a marriage of landowners. The ranches were the sustainable organization unit of agriculture and work at the begining of the XX Century in Mexico. His family had also suffered the Revolution in 1910. The ranch was reduced from 8000 to 600 hectares. There they produced pulque, a typical alcoholic beverage made by fermenting agave. His family was also interested in music, food and business. The family got bigger, time passed and my grandmother was born. She met my grandfather and later she knew that her father-in-law had worked as the ranch. Times had changed, they formed a family, had 4 children and my father was the first child. My parents are still happily married, they had two kids: My brother and I."

Arturo Guillén
1983, Cd. de México (MX)
editor de vídeo | video editor
arturo.guillen.a@gmail.com
p. 120, 124, 172, dvd

Martín Kanek Gutiérrez Vásques
1987, Cd. de México (MX)
artista visual | visual artist
p. 170

Diego Gutiérrez (El Despacho)
1966, Cd. de México (MX)
guía taller audio-visual |
guide audio-visual workshop
eldespacho@gmail.com
www.eldespacho.org
p. 176, dvd

Desde 1998, una serie de proyectos in situ se han llevado a cabo, bajo coordinación de Diego Gutierrez, como parte de una propuesta continua llamada El Despacho. El objetivo es relacionar artistas visuales y personas de otras disciplinas con una forma alternativa de hacer cine documental mediante procesos de formación lúdica. Lo audiovisual es la herramienta que ayuda a desarrollar habilidades creativas y sociales. Más que técnica, lo que se enfatiza es la sensibilidad que nos permite ser y sentirnos conectados con el tejido social y la vida que nos rodean.

—

Since 1998, a series of projects in situ have been carried out, under the coordination of Diego Gutierrez, as part of a continual proposal called El Despacho. The aim is to relate visual artists and people from other disciplines with an alternative way of making documentary films by means of playful formative processes. The audiovisual is the tool that helps developing creative and social skills. More than technique, what is being emphasized is the sensitivity that enables us to be and feel connected with the life and social tissue that surround us.

Gilberto Hernández
1986, Cd. de México (MX)
cineasta, músico |
film maker, musician
somethingtowrite@gmail.com
p. 116, 167

Pedro Salvador Hernández Ramírez 1981, Mérida (MX)
músico | musician
hydrosonic11@hotmail.com
p. 148

INDEX OF CONTRIBUTORS

Ileana Jimenez Gáber
1973, Cd. de México (MX)
docencia, terapeuta |
teacher, therapist
ijgaber@hotmail.com
p. 173

Enrique López Navarrete
1981, México D.F. (MX)
arquitecto | *architect*
kikiux_07@hotmail.com
p. 26, 166

Fernando Martín Juez
1949, Cd. de México (MX)
prólogo Atlas Subjetivo de México | *prologue Subjective Atlas of Mexico*
fmj@servidor.unam.mx
web.me.com/fmjmac
p. 14

Fernando Martín Juez es un diseñador profesional en diversos campos, pedagogo y antropólogo. Es investigador y docente de la Universidad Nacional Autónoma de México y de la Escuela Nacional de Antropología e Historia, donde imparte cursos sobre antropología, pensamiento complejo, transdisciplina y teoría del caos, aplicados a la comprensión y la práctica del diseño.

Se han publicado varios textos y libros, entre otros *Contribuciones para una antropología del diseño* (Barcelona, Gedisa, 2002).

—

Fernando Martín Juez is a profesional designer in many different fields, teacher and anthropologist. He is researcher and teacher at the Universidad Nacional Autónoma de México and the Escuela Nacional de Antropología e Historia, where he teaches antropology and complex thinking, transdiscipline and chaos theory, applied to the design comprehension and practice.

Various texts and books were published, amongst others Contribuciones para una antropología del diseño (Contributions for an anthropology of design; Barcelona, Gedisa, 2002).

Diego Mier y Terán
1976, Edimburgo (GB)
diseñador, invitado especial taller Cd. de México | *designer, guest speaker workshop Mexico City* tripa@alittlenoise.com

Diego Mier y Terán es un diseñador interesado en investigar y promover la dimensión ético-social del diseño y su poder como agente de cambio. Es profesor de la Universidad Iberoamericana, donde imparte el Taller de Utopías, y trabaja en colaboración con su esposa, Kythzia Barrera, en el Estudio Frutas y Verduras, una plataforma creativa que surge de la intersección del diseño y su entorno. Su objetivo es ofrecer productos, servicios e información sobre ecología y acciones sociales que contribuyan a establecer nuevos paradigmas y nuevas maneras de estar y construir este mundo.

—

Diego Mier y Terán is a designer interested in research and promotion of the ethical and social dimensions of desing and its power as agent for change. He teaches the Worshop on Utopias at the Universidad Iberoamericana, and works along with his wife, Kythzia Barrera, in Estudio Frutas y Verduras, a creative platform that comes from the intersection of design and its environment. Its aim is to offer products, services and information on ecology and social actions that help to establish new paradigms and new ways of being and build this world.

Salvador Lemis
1962, Holguín (CU)
artista escénico | *thespian*
salvadorlemis@gmail.com
p. 27, 170

Arit Marín Tun
1987, Mérida
estudiante de artes visuales |
student visual arts
arit a7_3@hotmail.com
p. 64, 168

Juan Pedro López
1982, Cd. de México (MX)
arquitecto | *architect*
go_@live.com.mx
p. 25, 31, 169

Adriana Martínez de la Rosa
1988, O axaca (MX)
artista visual | *visual artist*
r.n.t.delarosa@gmail.com
p. 27, 174, dvd

ÍNDICE DE PARTICIPANTES

Alejandra Muñoz
1988, El Paso (EUA)
diseñadora gráfica |
graphic designer
ale-mnz@hotmail.com
p. 122

Diego Padilla
1975, Cd. de México (MX)
diseñador gráfico |
graphic designer
djego_padilla@me.com
p. 122

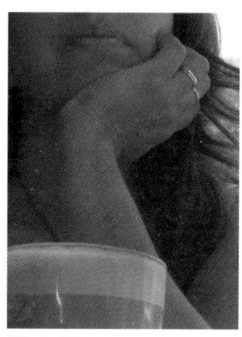

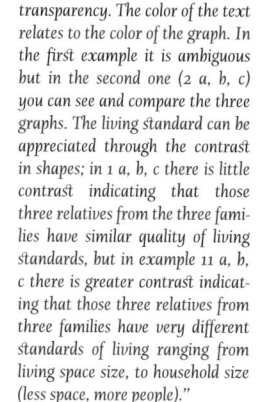

María Rivero,
1974, Caracas (VE) Vive en
México desde 2003 | *Lives in
Mexico since 2003*, arquitecta
| *architect* mariarivero@yahoo.
com p. 34, 36, 166

Marco Muñoz
1986 Cd. de Mexico (MX)
fotógrafo | *photographer*
mmarcofoto@hotmail.com
p. 27, 72, 124, 166, 168, 171, 172, dvd

Diego Padilla desarrolló las páginas de *Vida Familiar* en colaboración con sus alumnos Alejandra Muñoz y Karina Sada: "Los veinte parientes que cada uno llamamos para contribuir con nosotros aparecen en orden alfabético. Para hacer una comparación entre ellos los estratificamos con transparencias. El color del texto se relaciona con el color del gráfico. En el primer ejemplo resulta ambiguo, pero en el segundo (2a, b, c) se pueden observar y comparar las tres gráficas. El nivel de vida se puede apreciar mediante el contraste de las formas. En 1 a, b, c hay poco contraste indicando que esos tres parientes de las tres familias tienen una calidad de vida similar, pero en el ejemplo 11 a, b, c hay un mayor contraste que indica que esos tres parientes de las tres familias tienen distinto nivel de vida que va desde vivir en un espacio amplio hasta un espacio muy reducido (mucha gente en un espacio pequeño). "
—
Diego Padilla developed the pages of Family Life *in collaboration with his students Alejandra Muñoz and Karina Sada: "The twenty relatives we have each called for our contributoin are shown in alphabetical order. To compare them to each other we layered them with transparency. The color of the text relates to the color of the graph. In the first example it is ambiguous but in the second one (2 a, b, c) you can see and compare the three graphs. The living standard can be appreciated through the contrast in shapes; in 1 a, b, c there is little contrast indicating that those three relatives from the three families have similar quality of living standards, but in example 11 a, b, c there is greater contrast indicating that those three relatives from three families have very different standards of living ranging from living space size, to household size (less space, more people)."*

Livia Radwanski,
1984, Sao Paulo (BR) Vive en
México desde 2007 | *Lives in
Mexico since 2007*, fotógrafa |
photographer cavalosintensos@
gmail.com p. 158

Karina Sada
1988, Monterrey (MX)
diseñadora gráfica |
graphic designer
kar_in_asada@hotmail.com
p. 122

Nirvana Paz
1976, Cd. de México (MX)
fotógrafa, artista visual |
photographer, visual artist
p. 48, 125, 167, 168, 170, 174, dvd

Ángel Gustavo Rivero, 1983,
Caracas (VE) Vive en México
desde 2007 | *Lives in Mexico
since 2007*, arquitecto | *architect*
rivero.angel@gmail.com p. 42

Luciano Sánchez Taul
Mérida (MX)
arista | *artist*
lucianosancheztual@yahoo.
com.mx p. 171

INDEX OF CONTRIBUTORS

Oliver Santana
1973, Morelia (MX)
fotógrafo | photographer
santanaoliver@yahoo.com
p. 150

Analía Solomonoff
1972, Rosario (AR)
coordinación y edición
Atlas Subjetivo de México |
coordination and editing
Subjective Atlas of Mexico
analia_solomonoff@yahoo.com.mx
proyectolast.blogspot.com
p. 10

Analía Solomonoff. Diseñadora gráfica y editora. Actualmente es subdirectora de la Sala de Arte Público Siqueiros y cursa la maestría en curaduría en la Universidad Nacional Autónoma de México. Crea LAST en 2005, plataforma de investigación, creación y producción de proyectos ligados a la labor editorial. LAST promueve espacios de reflexión, formación y diálogo entorno a la edición como una estrategia en constante mutación y bajo la cual es posible repensar y analizar los procesos culturales, sociales y artísticos de la contemporaneidad.

—
Analía Solomonoff. Graphic designer and editor. Nowadayas, she is deputy director at Sala de Arte Público Siqueiros, and she is studying a master degree in curatorship at UNAM. She created LAST in 2005, an investigation, creation and project production platform, dedicated to the publishing field. LAST promotes a thinking, education and dialogue environment on publishing as a strategy by which it is possible to rethink and analyze the contemporary cultural, social, and artistic processes.

Tania Solomonoff
bailerina & invitado especial taller Cd. de México |
dancer & guest speaker in workshop Mexico City
tania.solomonoff@gmail.com
p. 100

Notas Corporales
Notas Corporales en Tlatelolco reúne una serie de fotografías donde cuerpo y espacio urbano se empalman para hablar sobre identidad y memoria. El proyecto inició en centros clandestinos creados durante la dictadura militar Argentina, mi país natal, de las ciudades de Rosario, Córdoba y Buenos Aires. El objetivo fue buscar huellas (grietas, graffitis, humedad, manchas) y espacios (esquinas, escaleras, ventanas) "marcados" para allí situar el cuerpo, simplemente sintiendo y sin modificar absolutamente nada del entorno, con el fin de evocar y encarnar de manera intuitiva e inmediata las vivencias de quienes experimentaron el encierro, la tortura y la desaparición durante la dictadura.

Ejecuté en Tlateloco en la Ciudad de México (lugar donde vivo y trabajo desde hace 26 años), un proyecto paralelo al de Argentina. Este espacio emblemático de la ciudad ha sido testigo de eventos sociales y políticos desde la colonia hasta el año 1968, cuando ocurrió la matanza de manifestantes por tropas militares. Así mismo nos encontramos frente a un testimonio vivo de la arquitectura mexicana de la primera mitad del siglo XX, modernizadora y organizacional. El encuentro resulta ser diametralmente distinto: el cuerpo se vuelve testigo, se posa sin plasmar las tragedias del lugar y su gente, y transita entre el reconocimiento y el desconocimiento de algo que le pertenece a medias: se extranjeriza. Ese desfase de la pertenencia es lo que me interesó de estas imágenes.

— Fotografías:
Tomás Casademundt
Elena Román

Tania Solomonoff es una artista formada en danza, teatro y psicocorporalidad. Integra las artes escénicas y visuales basándose en la noción de cuerpo como elemento mediador, amplificador y generador de sentido. En sus últimos trabajos investiga el acto comunicativo en el cruce entre lo visual y el cuerpo, la identidad y la memoria. Ha colaborado junto a compañías de México, Italia, Estados Unidos, Japón y Québec. Es gestora cultural independiente y cofundadora del Colectivo Ceropuntocero 0.0 con Taniel Morales y Maud D'Angelo.
—

Corporal Notes
Corporal Notes in Tlatelolco gathers a series of pictures where urban body and space converge to talk about identity and memory. The project started in underground centers created during the military dictatorship in Argentina, my native country, in Rosario, Cordoba and Buenos Aires. The objective was to look for traces (cracks, graffiti, dampness, spots) and spaces (corners, stairs, windows) "marked" to locate the body, by simply feeling and without modifying absolutely anything from the environment, in order to recall and embody intuitively and immediately the the experiences of the people that were held up, tortured and disappeared during the dictatorship. I carried out in Tlatelolco, Mexico City (place where I have lived and worked for the last 26 years) a project similar to the one in Argentina. This emblematic space in the city has witnessed social and political events since the times of the Colony until 1968, when the massive killing of demonstrators by military troops occurred. Likewise, we face a living testimony of the Mexican architecture of the early XX century, which is modernizing and organizational. The encounter turns out to be completely different: The body becomes witness, it lays down without expressing the tragedies lived in the place and by the people, and it wanders around knowledge and ignorance of something that is half belonging. It is acculturated. This phase difference of belonging is what i consider the most interesting part of the pictures.

— Photography:
Tomás Casademundt
Elena Román

Tania Solomonoff is an artist, who studied dancing, theater and psicocorporality. She integrates stage and visual arts based on the concept of the body as a mediator, amplifier and generator of meaning. In her last works she investigates the communicative >

ÍNDICE DE PARTICIPANTES

act in the intersection between visuals and body, identity and memory. She has worked with Mexican, Italian, American, Japanesse and Quebecoise companies. She is independent cultural manager and co-founder of the Colectivo Ceropuntocero 0.0 along with Taniel Morales and Maud D'Angelo.

Aldo Vázquez Yela
artista visual | *visual artist*
alodrayearth@gmail.com
p. 144, 171

Arturo Soto
1981, Cd. Juárez (MX)
Fotógrafo | *Photographer*
ingrimo@gmail.com
p. 86

Las fotografías de la serie "Lindes de la Ciudad de México" exploran los limites reales y simbólicos en las delegaciones de Tlalpan y Xochimilco, en el sur de la Ciudad de México. Las imágenes investigan la tensión entre el desarrollo urbanístico y los espacios naturales.
—
The pictures from the "Boundaries of Mexico City" series explore the real and symbolic boundaries of the neighborhoods Tlalpan and Xochimilco, in the South of Mexico City. The images investigate the tension between urban development and natural spaces.

Annelys de Vet
1974, Alkmaar (NL)
Concepto, editora y diseñadora Atlas Subjetivo de México | *Concept, editing and design Subjective Atlas of Mexico*
there@annelysdevet.nl
p. 8, 172

Annelys de Vet es una diseñadora gráfica y coordinadora del departamanto de diseño del Sandberg Institute Amsterdam. Con su trabajo explora el papel del diseño en relación al discurso público y político. Desde 1997 abrió su despacho de diseño. Su práctica se transformó de trabajo para clientes hacia una práctica dirigida por ella misma en la cual De Vet ha publicado varios libros sobre la representación diversa de la identidad cultural y nacional: 'The subjective atlas of the EU, from an Estonion point of view' (2004), 'Subjective atlas of the Netherlands' (BIS publishers, 2005), 'The public role of the graphic designer' (2006), 'Subjective atlas of Palestine' (010 Publishers, 2007), 'Subjective atlas of Serbia' (Dom Omladine, 2009) and 'Subjective atlas of Hungary' (HVG, 2011). El 'Atlas Subjetivo de México' es la edición más reciente de este serie.
—
Annelys de Vet is a graphic designer and head of the design department of the Sandberg Instituut Amsterdam (Masters Rietveld Academie). Her work explores the role of design in relation to the public and political discourse. Since 1997 she runs her own studio, which has transformed from a practice working for clients towards a self-directed practice where De Vet, among others, published several books concerning the multicolored representation of cultural and national identity: 'The subjective atlas of the EU, from an Estonion point of view' (Tallinn, 2004), 'Subjectieve atlas van Nederland' (BIS publishers, 2005), 'The public role of the graphic designer' (Design Academy Eindhoven, 2006), 'Subjective atlas of Palestine' (010 Publishers, 2007), 'Subjective atlas of Serbia' (Dom Omladine, 2009) and 'Subjective atlas of Hungary' (HVG, 2011). The 'Subjective atlas of Mexico' is the latest edition in this series.

Daniel Yáñez Palma
1987, Mérida (MX)
estudiante de artes visuales | *student visual arts*
graficos_yp@hotmail.com
p. 114

Viviana Zuñiga Rojas
fotógrafa | *photographer*
laviviaz@gmail.com
p. 171

Julio Villavicencio
1988, Oaxaca (MX)
artista visual | *visual artist*
juuco_@hotmail.com
p. 132

INDEX OF CONTRIBUTORS

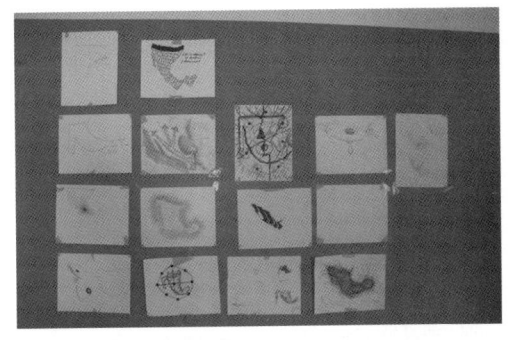

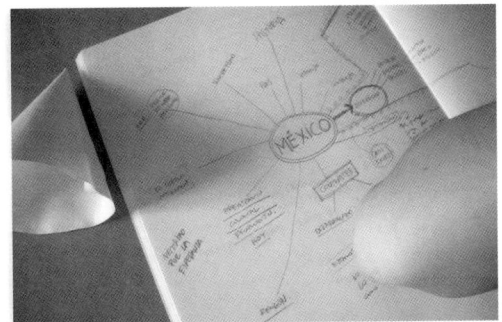

Casa Vecina, Ciudad de México, México D.F., 17 al 28 de agosto 2009 | 17 – 28 August, 2009
www.casavecina.com

Talleristas | *Workshop leaders*
Moniek Driesse
Analía Solomonoff

Invitados especiales |
Invited speakers
Carlos Aguirre
Diego Mier y Terán
Tania Solomonoff

Casa Vecina es una plataforma de la Fundación del Centro Histórico de la Ciudad de México, A.C., orientada a la gestión de proyectos artísticos que exploran las dinámicas colectivas y/o colaborativas del arte contemporáneo. Casa Vecina se concibe como un espacio propulsor de proyectos que parten de la experimentación estética para investigar y crear nuevos modelos de negociación simbólica, multidisciplinariedad y participación ciudadana.

Casa Vecina is a platform of the Fundación del Centro Histórico de la Ciudad de México, A.C., oriented to artistic project management that explore the collective and/ or colaborative dynamics of contemporary art. Casa Vecina is thought of as a space that promotes projects based on the esthetic experimentation to investigate and create new symbolic negotiation models, multidisciplinarity and citizens' participation.

TALLERES

188

Ule, Mérida, Yucatán
17 al 23 de mayo 2010 | 17 – 23 May, 2010
www.unasletras.com

Talleristas | *Workshop leaders*
Moniek Driesse
Analía Solomonoff

Invitado especial | *Invited speaker*
Iqui Balam

Ule es un espacio cultural, coordinado por Eugenia Montalván y Franklin J. Díaz, enfocado a la realización de proyectos de literatura, artes visuales y música de artistas nacionales e internacionales. Desde 2009, este espacio establece vínculos e interrelaciones entre creadores y público en general a través de un amplio repertorio de: talleres, conciertos, presentaciones de libros y exposiciones, entre otras actividades. Cuenta con un programa de residencias abiertas a artistas, investigadores y escritores. Ule es también sede de la editorial independiente Unasletras.

Ule is a cultural centre, coordinated by Eugenia Montalván and Franklin J. Díaz, focused on national and international literary, visual arts, and musical projects. Since 2009, this space grows bonds between the creators and the general audiences through a great collection of: Workshops, concerts, book launches and expositions, among other activities. It has a residence program for artists, researchers and writers. Ule is also the setting for the independent publisher Unasletras.

WORKSHOPS

IAGO, Cd. De Oaxaca, Oaxaca
29 de julio al 1 de agosto 2010 |
29 July – 1 August 2010
institutodeartesgraficasdeoaxaca.
blogspot.com

Tallerista | *Workshop leader*
Moniek Driesse

El IAGO es una institución que aloja una de las colecciones de artes gráficas más importantes de Latinoamérica. También es un centro cultural con una Biblioteca (BIAGO) especializada en arte, Cineclub (El Pochote), Centro Fotográfico (Manuel Álvarez Bravo), Fonoteca (Fonoteca Eduardo Mata) y Galerías de exposiciones.

IAGO is an institution housing one of the most important graphic arts collections in Latin America. It is also a cultural center with a Library (BIAGO) specialized in arts, Film Club (El Pochote), Photograph Center ("Manuel Álvarez Bravo"), Music Library (Fonoteca Eduardo Mata) and Galleries for expositions.

TALLERES | WORKSHOPS

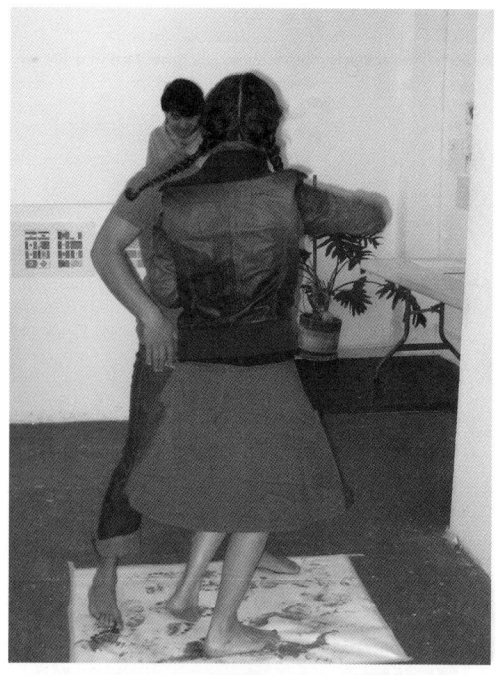

AAVI, Ciudad de México, México D.F.
28 de septiembre al 10 de octubre 2010 |
28 September – 10 October 2010
www.aavi.net

Talleristas | *Workshop leaders*
Moniek Driesse
Annelys de Vet

Taller audio-visual |
Audio-visual workshop
Diego Gutiérrez

AAVI es una escuela de fotografía y artes visuales que ofrece cursos, talleres y diplomados en fotografía, video, imagen digital, diseño e ilustración. Su educación se caracteriza por su alto nivel técnico, profundo sentido crítico y apreciación visual.

AAVI is a photograph and visual arts school that gives courses, workshops and graduates in photograph, video, digital images, design and illustration. It has a high technical level, a deep critical sense and visual apreciation.

CRÉDITOS | CREDITS

Concepto | *Concept*
Annelys de Vet

Coordinación | *Coordination*
Moniek Driesse, Analía Solomonoff

Diseño gráfico y edición | *Graphic design and editing*
Moniek Driesse, Annelys de Vet
En colaboración con todos los participantes
In collaboration with all participants

Coordinación editorial | *Editorial coordination*
Analía Solomonoff (LAST), Moniek Driesse

Producción DVD | *Production DVD*
Diego Gutiérrez

Textos | *Texts*
Chiara Arroyo, Fernando Martín Juez, Annelys de Vet

Participantes | *Participants*
Silvana Agostoni, Alejandra Alós, María José Alós Espéron, Francis Alÿs, Adriana Balvanera, Miroslava Basaldua Flores, Annette Bauer, María Luz Bravo, Ana Bretón, Pilar Cámara, Alfonso Camberos, Javier Campuzano, Carlo Rodrigo Canto Ávila, Christian Cañibe, Wilma Anahí Chan Monforte, Rocío Chaveste, Yuriko Cortéz, Andrea Cordero Ramón, José Luis Cuevas, Franklin J. Díaz, Marisol Domínguez, Úrsula Espino Herrero, Anaid Espinosa, José Ramón Estrada A., Citlali Fabián Bautista, Helena Fernández-Cavada, Ruth Fuentes Sansores, Rocio Gallardo, Héctor Flores Ramírez, Rafael Gamboa, Amauta García Vázquez, Arturo Guillen, Judith González Ham, Martín Kanek Gutiérrez Vásquez, Gilberto Hernández, Pedro Salvador Hernández Ramírez, Ileana Jiménez Gáber, Salvador Lemis, Juan Pedro López, Adriana Martínez de la Rosa, Alejandra Muñoz, Marco Muñoz, Enrique López Navarrete, Nirvana Paz, Diego Padilla, Livia Radwanski, Ángel Gustavo Rivero, María Rivero, Karina Sada, Luciano Sánchez Taul, Oliver Santana, Tania Solomonoff, Arturo Soto, Aldo Vázquez Yela, Arit Marín Tun, Julio Villavicencio, Daniel Yáñez Palma, Viviana Zúñiga Rojas

Fotografía | *Photography*
Andrea Cordero Ramón (p. 148, p. 176-186), Moniek Driesse (p. 187-189)
Natassja López (p. 146, p.164), Nirvana Paz (p. 176-186), Livia Radwanski (portada | *cover*), Annelys de Vet (p. 190)
e.o. | *a.o.*

Corrección de estilo | *Proofreading*
Alfredo Núñez Lanz · Textofilia Ediciones

Traducción | *Translation*
Elena Kúsulas Bastien · Textofilia Ediciones

Tipografía | *Typography*
Kukulkan · Raúl García Plancarte

Editorial | *Publisher*
LAST · www. last.mx

Distribución México | *Distribution Mexico*
Textofilia · www.textofilia.mx

Distribución internacional | *International distribution*
Idea Books · www.ideabooks.nl

Agradecimiento especial a | *Special acknowledgement to*
Ekaterina Álvarez Romero, Chiara Arroyo, Iqui Balam, Marloes van Beveren, Franklin Díaz, Danja Driesse, Wimco Driesse, Guillermo Fricke, Cloé Fricout, Omar Gaméz, Marjolijn Guldemond, Thalia Iglesia, Ginés Laucirica Guanche, Eugenia Montalván, Ramón Rejón Calderón, Beatriz Rodríguez Guillermo, Guadalupe Trejo (Fru), Zoraida Vásquez Beveraggi

ISBN
978-607-781-840-3

Creative commons 2011
Basado en Creative Commons BY-NC-ND 3.0 licencia, cualquier persona puede copiar, distribuir y presentar libremente este "Atlas Subjetivo de México" y las obras que aparecen en él, bajo las siguientes Condiciones:
• Se puede usar una obra sin alterarla,
• Si una obra se utiliza, deberá incluirse el título del Atlas, el nombre o nombres del o los autores y el título de la obra presentada be presented;
• En caso de utilizar dos o mas obras, deberán incluirse el título del Atlas,los nombres de los autores y los títulos de las obras presentadas, los editores (Moniek Driesse, Annelys de Vet) y los editores publicistas (LAST).
El uso de las obras incluidas en el Atlas con fines comerciales sólo será posible mediante un consentimiento escrito obtenido antes de la publicación.
Contacto: atlas@annelysdevet.nl
—
Based on the Creative Commons BY-NC-ND 3.0 license, anyone may freely copy, distribute and present the 'Subjective atlas of Mexico' and the works in it, subject to the following conditions:
• *A work may be used only without alteration;*
• *If any work is used, the title of the Atlas, the name(s) of the author(s) and the title of the work concerned shall be presented;*
• *In the event of using two or more of the works, in addition to the title of the Atlas, the names of the authors and the titles of the works concerned, the editors (Moniek Driesse, Annelys de Vet) and the publishers (LAST) shall also be named.*
The use of the works in the Atlas for commercial purposes is only possible when our prior written consent has been obtained.
Contact: atlas@annelysdevet.nl

Los editores han hecho su mejor esfuerzo para localizar a los dueños de aquellas imágenes que aparecen reproducidas sin los créditos correspondientes en este libro. Apreciaremos cualquier información adicional de derechos no mencionados en esta edición para hacer corregida en las siguientes.
—
The publishers have made their best effort to locate the copyright holders of some images reproduced without the correspondent credits in this book. An additional information regarding other copyright holders will be apreciated and corrected in subsequent editions.

Atlas anteriores en esta serie | *Previous atlases in this series*
• Subjective Atlas of the EU, from an Estonian point of view (Tallinn [EE], 2003)
• Subjectieve Atlas van Nederland (*BIS Publishers [NL]*, 2005)
• Subjective Atlas of Palestine (*010 Publishers [NL]*, 2007)
• Subjective Atlas of Serbia (*Dom Omladine [SER]*, 2009)
• Subjective Atlas of Hungary (*HVG [HU]*, 2011)

Véase también | *See also*:
www.subjectiveatlasofmexico.info
www.annelysdevet.nl

La primera edición del Atlas Subjetivo de México se terminó de imprimir en agosto de 2011 en los talleres de Stellar Group, Ciudad de México. El tiraje consta de 2000 ejemplares.

The first edition of the Subjective Atlas of Mexico was printed in August 2011 in the workshops of Stellar Group, Mexico City. The print run constist of 2000 copies.